KB248461

치열한 정글에서 살아남는

경쟁력 강화 매뉴얼

경쟁력 강화 매뉴얼

초판 1쇄   2010년 11월 8일
지은이   김이율
펴낸이   김영재
펴낸곳   책만드는집

주소   서울 마포구 합정동 428-49번지 4층 (121-887)
전화   3142-1585·6
팩스   336-8908
전자우편   chaekjip@chol.com
출판등록   1994년 1월 13일 제10-927호
ⓒ 김이율, 2010

* 이 책의 전부 또는 일부 내용을 재사용하려면 사전에 저작권자와
  책만드는집의 동의를 받아야 합니다.
* 잘못 만들어진 책은 구입하신 서점에서 교환해드립니다.

ISBN 978-89-7944-348-6 (03320)

이 도서의 국립중앙도서관 출판시도서목록(CIP)은 e-CIP
홈페이지(http : ///www.nl.go.kr/cip.php)에서 이용하실 수 있습니다.
(CIP제어번호 : CIP2010003843)

치열한 정글에서 살아남는

경쟁력 강화 매뉴얼

성공과 실패의 요인을 내 안에서 찾아라

• 김이율 지음 •

책만드는집

"인생에 있어 가장 위대하고 아름다운 여행은, 자신을 발견해가는 모험 속에 있다." -영화 〈티벳에서의 7년〉 중에서

세상은 빛의 속도로 발전해가고 있다. 그렇다면 당신은 어떠한가? 그 속도를 앞질러 가고 있는가, 제자리걸음인가, 아니면 퇴보하고 있는가?

거울 속에 비친 지금의 당신을 봐라. 시대에 뒤처지지 않을까, 남들과의 경쟁 속에서 밀리지 않을까, 매일매일 불안감에 사로잡혀 초조한 나날을 보내고 있지 않은가. 어찌 당신만 그러겠는가. 이 시대를 살고 있는 우리들의 자화상이다.

어쩌면 세상은 당신에게 발전하고 변화할 수 있는 기회를 이미 수차례 줬었는지도 모른다. 그런데 당신은 의식적이든 무의식적이든

두려움과 움츠림으로 인해 스스로 기회를 거부했다.

왜 기회를 잡지 못했을까? 그건 바로 자신이 뭘 원하는지, 무엇을 잘하는지, 내 인생 목표가 무엇인지 내 안의 '진짜 나'와 마주하지 않았기 때문이다.

진짜 나를 아는 자는 세상의 발전 속도며, 경쟁자들의 선전에 흔들리지 않는다. 나를 이기는 자, 나를 발견하는 자는 이 세상 그 무엇도 두려울 것이 없다.

산꼭대기에서 시작한 두 갈래의 물은 처음에는 불과 몇 미터의 차이지만 나중에는 수천 킬로미터의 간격이 생긴다. 이 책을 접한 자는 분명 행운이다. 단언하건대 이 책으로 인해 당신은 지금보다 훨씬 더 발전된 삶을 살아가게 될 것이다.

결별력, 존재력, 소통력, 잠재력, 자존력, 투자력 등 크게 여섯 챕터로 나뉜 40여 개의 자기 향상 매뉴얼은 당신에게 인생 방향을 어떻게 잡아야 할지, 꿈과 성공을 이루기 위해 지금 당장 무엇을 해야 할지를 유쾌하면서도 구체적으로 가르쳐줄 것이다.

그럼 내 안의 '위대한 나'를 찾기 위한 즐거운 여정이 되길 바란다.

김이율

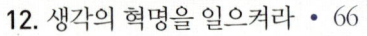

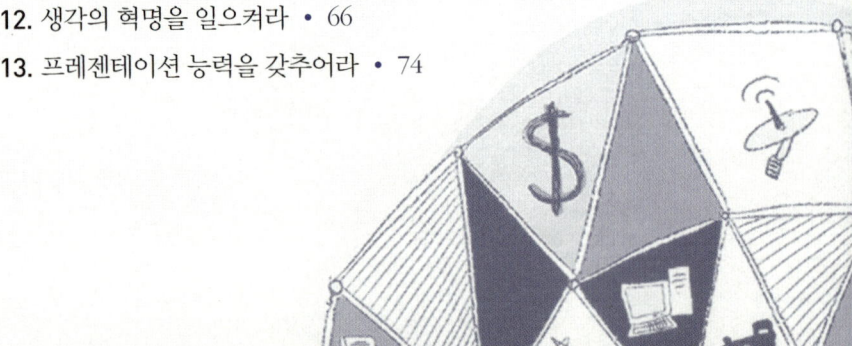

PART 03 소통력

PART 04 잠재력

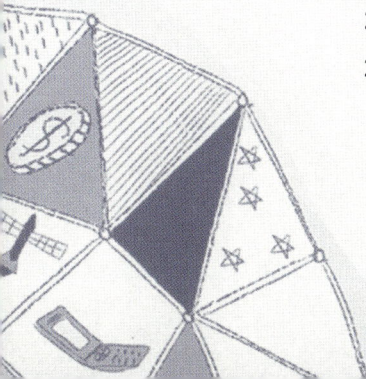

결별력

Chapter 01

과거를 자유롭게
놓아줘라

당신에게 오래 사귄 연인이 있다고 하자. 그런데 어느 날, 그 연인이 당신에게 이별을 통보했다. 당신은 어떻게 할 것인가? 많은 사람이 그리하듯 상대를 붙잡을 것이다. 이별을 통보한 이유를 일단 알아야겠고, 그동안 쌓았던 추억도 나눴던 사랑도 있기 때문에 이대로 보낼순 없을 것이다. 그러나 이유가 어찌 됐든 중요한 건 상대의 마음이다. 이미 상대의 마음이 당신으로부터 떠났다면 당신이 그 사람을 붙잡는다고 한들 그게 무슨 소용이겠는가. 마음이 떠났다는 건 사랑도 정도 추억도 함께 떠났다는 걸 의미한다.

그럴 때는 어쩔 수 없다. 쿨하게 보내줘야 한다. 그리고 이별한 후, 대처를 잘해야 한다. 미련과 집착 때문에 하루하루를 우울하고 궁상

맞게 보내며 자신을 괴롭혀서는 안 된다. 끝난 건 끝난 것이다. 잊고 새로운 나, 새로운 날, 새로운 사랑을 찾아야 한다.

생각해봐라. 이미 떠난 막차가 당신을 위해 다시 되돌아올까? 절대로 오지 않는다. 정류장에 앉아서 떠나간 막차를 그리워하며 시간을 보낼 이유가 없다. 택시를 잡든 아니면 부지런히 걷든 빨리 새로운 결정을 내려야 한다.

과거 속에서 머물러 사는 사람에겐 희망이 없다. 과거는 그저 힘들 때 한 번씩 꺼내 보며 미소 지을 수 있는 추억으로 간직하는 정도로 충분하다.

독일 사람들로부터 정신적 아버지이자 영혼의 인도자로 불리는 안젤름 그륀 신부는 저서 『머물지 말고 흘러라』를 통해 이렇게 말했다.

"과거를 자유롭게 놓아주십시오. 과거를 놓아준 만큼 미래가 열립니다. 과거를 놓아주면 마음이 유연해집니다. 익숙한 것과의 이별, 습관과 우리를 신뢰하는 모든 것과 하루에 몇 번씩이라도 이별을 고하세요."

인생도 그렇다. 애벌레가 그 모습 그대로 나비가 될 순 없다. 고치를 깨고 나와야 하고 자신을 감싸고 있는 껍질을 버려야 한다. 그래야 화려한 나비가 될 수 있다. 도토리도 마찬가지다. 딱딱한 껍질을 뚫고 나와야만 거대한 갈참나무가 되는 것이다.

어제보다 나아진 나, 남들보다 앞서는 나, 경쟁력을 갖춘 나로 살기 위해선 늘 과거로부터 탈출해야 한다. 익숙한 것으로부터 멀어져야 한다. 특히 과거에 아픔이 있는 사람은 더더욱 그렇다.

공중파 방송 3사에서 맹활약을 펼치고 있는 대한민국 최고의 MC 유재석. 현재 그는 언변이 뛰어나고 재치가 하늘을 찌르는 진행자로 정평이 나 있지만 과거에는 아픔이 있었다. 신인 시절 〈연예가 중계〉라는 프로그램에서 리포터로 활약을 한 적이 있다. 그때 그는 방송 울렁증 때문에 생방송 도중 소식을 제대로 전하지 못하고 버벅대고 말았다. 그 후로 그 프로그램에서 그를 볼 수 없었다. 그가 만약 자신의 실수를 끝없이 자책하고 놓쳐버린 기회에 대해 끝까지 미련을 갖고 있었다면 여전히 그를 TV에서 볼 수 없었을 것이다. 그가 자신의 실수를 인정하고 그 실수에서 빨리 벗어났기 때문에 지금의 새로운 달변가, 유재석이 있는 것이다.

과거는 과거일 뿐이다. 과거에 얽매여 현재와 미래까지 망칠 순 없다. 아프고 우울한 과거라면 하루라도 빨리 버리는 것이 좋다. 화려한 과거라 해도 마찬가지다. 좋았던 과거의 기억에 젖어 있으면 더 이상의 발전을 기대할 수 없다. 왕년에 잘나갔다고 해서 현재도 미래도 잘나가리라는 보장은 없다. 시대는 급격하게 바뀌고 있다. 시대에 발맞춰 변화하지 못하면 예전보다 더 못한 미래가 될 수 있다.

과거와의 작별은 새로운 삶을 선사하기도 한다. 철강 회사를 차려 성공을 거둔 앤드루 카네기는 말년에 금융계의 큰손인 J.P모건에 천문학적인 돈을 받고 회사를 매각했다. 그로써 마침내 그는 세계에서 최고로 돈이 많은 사람이 되었다. 그러나 그는 곧 새로운 사람으로 태어났다. 그는 카네기재단을 만들어 미국 전역에 도서관을 지었고 카네기교육진흥재단을 만들어 평생 번 돈의 대부분을 그곳에 기부했다. 그는 인생의 전반부는 돈을 모으는 일에 열중했고 후반부는 돈을 배분하면서 보낸 것이다. 최고의 부자가 최고의 기부왕으로 탄생하는 순간이었다.

그가 만약 과거에 집착했다면 후세 사람들은 그를 성공한 사업가로만 기억했을 것이다. 그러나 그는 과거를 버리고 새로운 나를 택했기 때문에 오늘날에도 최고의 자선가로 기억된다.

당신이 이 사회에서 경쟁력 있고 당당한 사람이 되기 위해선 새로워지고 발전해야 한다. 당신의 과거가 우울했든 화려했든 상관없다. 버리는 자만이 새로운 걸 채울 수 있고 과거와 멀어질수록 미래와는 가까워진다. 모든 것을 버리고 오늘부터 시작하면 된다.

Chapter 02

아이스크림이 녹기 전에
결단을 내려라

극작가이자 비평가인 조지 버나드 쇼. 그는 가정 형편이 어려워 초등학교밖에 나오지 못했다. 그래서인지 배움에 대한 열망이 강했다. 그는 자그마한 회사에 다니면서 틈나는 대로 책을 읽었고 음악과 그림도 배웠다. 그리고 세상사에 눈을 떠 사회주의자로도 크게 활약했으며, 풍자와 기지로 가득 찬 희곡을 써 사회에 파장을 일으키기도 했다. 마침내 「인간과 초인」이라는 작품을 통해 세계적인 극작가가 되었고, 1925년에는 노벨문학상의 영광도 안았다.

버나드 쇼를 당신에게 소개한 이유가 있다. 그의 업적을 칭송하기 위해서가 아니다. 바로 그의 묘비명에 대해 말하려 한다. 그는 스스로 자기 묘비에 새길 글을 남겼다. 묘비명은 다음과 같다.

"우물쭈물하다가 내가 결국 이렇게 될 줄 알았어."

의외의 문구다. 그는 누구보다도 열정적이며 눈코 뜰 새 없이 바쁘게 살았다. 일을 추진할 때는 물불 안 가리고 불도저처럼 밀고 나갔고 작품에서도 과감하고 거칠게 표현했다. 한마디로 그의 삶은 우물쭈물과는 거리가 멀었다. 그런데 왜 그는 자신의 삶을 그렇게 평가했을까? 그건 자기가 살아왔던 인생이 아쉽고 후회스러웠기 때문이 아니다. 죽어서까지도 후대 사람들에게 자신의 메시지를 남기고 싶었던 것이다. 메시지 속에 담긴 뜻은 바로 이거다.

"당신들도 나처럼 열심히 살고 선택 앞에 과감히 칼을 휘둘러라. 우물쭈물 망설이다가 인생을 낭비하지 마라. 알았지?"

자명종이 울리는 순간부터 선택은 시작된다. 5분을 더 잘 것인가, 이불을 걷어차고 일어날 것인가. 아침 식사는 거를 것인가, 먹을 것인가. 깜박거리는 신호등을 보고 빨리 뛰어갈 것인가, 다음 신호에 여유롭게 걸어갈 것인가. 동료들과 커피 마시며 수다를 떨 것인가, 바로 업무를 시작할 것인가. 점심 식사는 한식으로 할 것인가, 중식으로 할 것인가 등등. 하나에서 열까지 모두 다 선택을 해야 한다. 그나마 이런 것들은 사소한 일들이라 설령 다른 선택을 한다 해도 삶에 큰 지장은 없다. 그러나 살다 보면 중대한 일들을 선택해야 하는 경우가 많다. 무리해서 아파트를 구입해야 할지, 아니면 여유 있게 전세로 그냥 살아야 할지. 안정적인 종목에 투자를 해야 할지, 아니면 손해를 감수하고 새롭게 부상하는 종목에 투자를 할지. 회사를 옮길지, 아니면 좀 더 버텨야 할지 등등. 물론 나름대로 상황과 여건에 따라 결단을 내리겠지만 결단을 내리기까지의 시간이 길어지면 길어질수록 자신에게 손해다. 상황을 파악하고 분석하느라 결단이 늦어진다면 그건 이해가 가겠지만 그저 대책도 없이 망설이고 우물쭈물하는 건 곤란하다. 자기 자신도 불안하겠지만 그것을 지켜보는 사람도 답답해진다.

"생각은 깊게, 결단은 칼처럼 과감하게!"

이 말을 늘 명심해야 한다. 선택하기에 앞서 항상 당신 손에 아이스크림이 들려 있다고 생각해라. 결단이 늦어지면 당연히 아이스크림은 녹아서 손가락 사이로 흘러내릴 것이다. 그런 어리석은 일은 저지르지 않도록 해라.

당신이 나중에 성공을 해서 한 회사를 이끌거나 가게를 운영하는 사장이 된다면 결단력은 더더욱 중요해진다.

실제로 대한상공회의소에서 CEO 200인을 대상으로 조사한 것이 있다.

"CEO에게 가장 필요한 덕목이 뭐라고 생각하십니까?"

이 질문에 많은 CEO들이 결단력(43.3%)을 꼽았다. 그 다음으로 성실성(22.5%), 도전 정신(17.5%), 친화력(10.8%), 카리스마(1.7%) 순이었다.

미국 백화점 유통 업체 페더레이티드사의 사장인 테리 런드그렌은 CEO의 리더십을 이렇게 정의했다.

"리더는 남의 말을 경청할 줄 알아야 한다. 그 다음에는 망설임 없이 '결정'이라는 방아쇠를 당겨야 한다. 그래야 부하 직원들이 리더를 따른다."

결단력 키우기

1. 일단 실행에 옮겨라

막상 하고 나면 아무것도 아닐 때가 있다. 그런데 실행하기 전에 지나치게 고민하고 두려워한다. 고민을 없애는 방법은 간단하다. 바로 실행하는 것이다. 그 순간 고민은 사라진다. 시간이 지나면 고민은 더 깊어지고 넓어진다. 이런저런 핑곗거리를 찾다가 결국 기회를 놓치고 만다. 완벽한 상태를 기다리다가는 아무것도 얻을 수 없다. 계획했다면 바로 실행해라.

2. 중요한 일을 먼저 해라

하루에 처리할 일들이 꽤 많다. 직장에 다니는 사람은 업무를 봐야 할 것이고 학교를 다니는 사람은 공부를 해야 하며 가정에 있는 사람은 집안일이 있다. 일을 미룰 순 없다. 누가 대신 해줄 수도 없다. 어차피 해야 할 일, 어떻게 처리하면 좋을까. 일이 많다고 해서 우왕좌왕하지 말자. 한 가지부터 차근차근 해나가면 다 마칠 수 있다. 우선 중요한 일부터 한다. 그래야 짧은 시간 안에 효율적으로 일할 수 있다. 선택의 폭이 넓으면 더 고민스러워진다. 그러니 우선순위를 정해서 그 순서에 맞게 일을 진행하면 훨씬 수월하다.

3. 뒤에 있지 말고 앞장서라

"너 좋을 대로 해. 너의 결정에 따를게."

이런 자세는 좋지 않다. 이건 남들에게 당신이 소극적이고 우유부단하다는 걸 알리는 꼴이다. 그러면 나중에 당신이 무슨 결정을 한다 해도 남들이 그것을 신뢰하거나 따르지 않게 된다. 선택을 남에게 미루지 말고 당신이 선택권을 행사해라. 아울러 앞에 나서서 이끌어라. 리더가 되면 아무래도 결단을 해야 하는 상황이 더 많이 주어진다. 결단력을 키울 좋은 기회다. 그 기회를 살린다면 당신의 결단력은 크게 향상될 것이다.

Chapter 03

매너리즘의 늪에서
빠져나와라

안철수, 그의 이름은 벤처기업의 신화를 뛰어넘어 이제 이 시대의 스타이며 가장 존경받는 아이콘으로 자리매김하고 있다. 사람들은 왜 이토록 그에게 열광하는가. 이유가 많겠지만 아마도 늘 새로운 변화를 꿈꾸고 그 변화를 실행하는 그의 도전 정신에 매료되었기 때문일 것이다.

처음에는 물론 어려움이 있었다. 서초동 뒷골목에서 직원 세 명으로 '안철수연구소'를 열었다. 그리고 몇 해 지나지 않아 백신 프로그램으로 서서히 이름을 알리기 시작했다.

어느 날, 미국 최대 보안 회사로부터 뜻밖의 제안을 받기도 했다. 1천만 달러를 줄 테니 회사를 넘기라는 것이었다. 당장 직원들의 월급을 주는 것도 버거운 상황에서 그 제안은 달콤한 초콜릿 같았다. 하지만 그는 단호하게 거절했다. 안철수연구소를 1천만 달러 이상의 가치로 키울 자신이 있었고 또한 우리 기술을 외국에 넘기고 싶지 않았던 것이다.

그의 꿈은 머지않아 이루어졌다. 2005년에는 국산 소프트웨어 사상 최대 매출인 300억 원을 돌파했고, 순이익만 100억 원에 가까웠다. 그런데 어느 날 그는 CEO 자리를 그만두겠다고 선언한다. 모든 사람이 그의 결단에 고개를 갸웃거렸다. 회사가 승승장구하는 상황에서, 게다가 본인이 만든 회사인데 스스로 CEO 자리를 물러나겠다니 이해할 수 없는 일이었다.

"제가 없어도 이제 회사는 잘 돌아갑니다. 전문 경영인에게 회사를 맡기고 저는 유학을 가겠습니다."

안철수연구소가 10주년이 되던 해, 그는 미국 와튼스쿨로 유학을 떠났다. 그는 늘 현실에 안주하려는 나와, 변화를 추구하려는 나 사이에서 갈등이 생길 때마다 후자를 선택했다.

"최고의 자리에만 연연한다면 다음 일은 할 수 없습니다. 선택 앞에서는 과거를 버리고 나를 버려야 합니다. 그리고 10년 후를 생각하며 살아야 합니다."

변화에는 고통이 따르기 마련이다. 하지만 그는 변화를 선택했다. 변화하는 과정을 통해 한계도 느껴보고 절망도 해보며 그것을 극복하고 자신의 잠재 능력도 새롭게 발견하고자 한 것이다.

세계적인 문학가인 괴테는 변화에 대해 이렇게 설파했다.

"매너리즘에 빠진 사람은 늘 작업을 끝내기만 원한다. 작업 자체에서 느끼는 즐거움은 온데간데없고 일하는 내내 짜증을 낸다. 진정으로 위대한 재능을 지닌 작가는 제작 과정에서 최상의 기쁨을 발견한다. 로스는 염소와 양의 털을 끊임없이 열심히 그려왔다. 그의 그림에 담긴 그지없이 섬세한 면을 보면, 그가 제작 중에 가장 순수한 행복을 누렸고 작품을 끝내는 걸 생각지 않고 있었다는 것을 알 수 있다. 재능이 부족한 사람일수록 예술 그 자체에 만족하지 않고 작업을 하는 동안에도 그것을 끝내고 나서 얻게 될 이득만을 염두에 둔다. 그러면 절대로 위대한 성공을 이룰 수 없다."

성공한 사람들은 하나같이 자신에게 혹독하다. 채찍질로 스스로를 자극시키며 앞을 향해 달려간다. 잘못된 것은 인정하고 반성하며 새롭게 변하고자 몸부림친다. 그리고 변화를 선택이 아니라 살아가는 필수 요건으로 생각한다. 외부 상황으로 인해 자기가 변하기 전에 스스로 변화를 택해 외부 환경을 바꾼다.

대부분 사람들은 익숙한 것에 머물길 원한다. 또한 자신의 선택이 늘 옳다고 믿는다. 그리고 현재 생활에 큰 불만이 없으면 그 생활을 군이 바꾸려 하지 않는다. 그러나 잘 생각해봐라. 물에 빠진 사람이 몸만 살짝 비튼다고 그곳을 빠져나올 수 있는가? 그렇지 않다. 죽을 힘을 다해 몸부림치든지, 아니면 살려달라고 고래고래 소리를 질러야 한다. 그래야 살 수 있고 새로운 세상을 만날 수 있다.

변화는 선택이 아니라 필수다. 거역할 수 없는 시대의 흐름이다. 머물러 있는 자와 뛰는 자는 차이가 나기 마련이다. 당신은 어찌할 셈인가. 뒤처질 것인가, 앞서 갈 것인가. 선택은 당신의 몫이지만 이건 알아둬라. 고통이 두려워 변화를 거부한다면 당신은 과거 사람이 된다는 것을.

Chapter 04

실패로부터
시작해라

성공!

누구나 이 단어에 가슴이 설렌다. 그 이유는 뭘까? 성공 안에는 돈, 명예, 지위, 권력 등 누구나가 추구하는 모든 가치가 담겨 있기 때문 이다.

"나는 성공하고 싶지 않아!"

주위에 이렇게 말하는 사람이 있는가? 없을 것이다. 혹여 그렇게 말하는 사람이 있다면 그 사람의 말은 진실이 아닐 확률이 높다. 성공 이라는 달콤한 욕망을 거부할 수 없는 게 인간의 본성이기 때문이다.

"성공하고 싶다!"

우리는 하루에도 몇 번씩 이런 생각을 한다. 그러나 말처럼 성공이 그리 쉬운 게 아니다. 그저 실패하지 않거나 마이너스가 되지 않는 걸로도 감사하는 사람이 많다.

"도대체 성공이 왜 나만 피해 가는 걸까?"

당신만 그렇게 느끼는 게 아니다. 대부분 그렇게 생각한다. 그만큼 성공의 확률은 낮다. 누구나 성공을 한다면 성공에 무슨 의미가 있겠는가. 대부분의 사람들은 밥 먹듯이 실패를 한다. 뜻대로 되지 않는 게 인생 아닌가.

우리는 살아가는 동안 실패의 순간을 자주 맞닥뜨리게 된다. 그러고 보면 우리는 실패에 꽤 익숙하다. 걸음마를 처음 배울 때 몇 발자국도 떼지 못하고 수없이 넘어졌다. 당신이 자전거를 처음 배울 때를 생각해봐라. 몇 미터 못 가서 중심을 잃고 쓰러졌을 것이다. 넘어져서 무릎이 까지기도 했을 것이다. 그러나 수차례의 실패 끝에 결국 자전거 타기에 성공했을 것이다. 넘어질 때마다 당신은 무슨 생각을 했는가? 실패를 절망이나 끝이라 생각하지 않고 성공으로 가는 계단쯤으로 여겼을 것이다. 그랬기에 자전거를 배울 수 있었던 것이다.

미국의 목사이며 집필가인 로버트 슐러는 실패를 성공을 위한 긍정적인 에너지로 규정했다. 그리고 실패에 대해 다음과 같이 의미를 부여했다.

실패는 당신이 실패자임을 의미하지 않는다. 아직 성공하지 못했음을 의미할 뿐이다.

실패는 아무것도 이룬 것이 없다는 말이 아니다. 당신이 무언가를 새롭게 배웠다는 의미일 뿐이다.

그렇다. 어떤 일에 대해 실패했다고 해서 "나는 이제 아무것도 못할 거야!"라고 낙담하거나 절망해선 안 된다. 패배 의식을 갖는 순간, 세상 모든 것이 두려움의 대상이 된다. 그러면 남은 인생도 패배자로 살아가야 한다. 실패는 아주 값비싼 경험이고 자극제다. **실패에는 고통이 따르지만 그 고통을 잘 다스리면 성공의 밑거름이 될 수 있다.** 그러니 패배 의식에 젖지 말고 실패를 있는 그대로 받아들이고 실패의 충격을 잊기 위해 몸부림쳐라. 친구랑 진탕 술을 마시든지, 잠을 자든지, 운동장 열 바퀴를 뛰든지 뭐든지 해라. 실패의 생각으로부터 자유로워져라. 그리고 난 후 마음이 어느 정도 안정이 되면 실패에 대한 원인 분석을 철저히 해라. 두 번 다시 같은 실패를 범하지 않기 위해서다.

당신은 실패를 통해 희망을 보고 비전을 보는 사람이 되어야 한다. "넘어진 사람만이 일어나는 법을 배운다"라는 말이 있지 않은가.

탈무드에 이런 문답이 나온다.

"인간의 눈은 흰 부분과 검은 부분으로 이루어져 있다. 그런데 검은 부분을 통해서만 사물을 볼 수 있다. 신은 왜 이렇게 만들어놓았을까?"

답은 이렇다.

"어두운 것을 통해서 밝은 것을 보는 것, 그게 인생이기 때문이다."

실패의 두려움에서 벗어나기

1. 지나간 것에 대해선 미련을 버려라

한 남자가 값이 꽤 나가는 도자기를 갖고 가다가 그만 땅에 떨어뜨렸다. 주위에 있던 사람들은 깨진 도자기를 보고 안절부절못했다. 그런데 정작 도자기 주인은 너무나도 태연한 표정을 지었다. 한 아주머니가 도자기 주인에게 물었다.

"꽤 비싸 보이는데 아무렇지도 않으세요?"

그러자 도자기 주인은 태연하게 말했다.

"이미 깨진 걸 어떻게 합니까?"

그렇다. 지나간 건 그냥 흘러가게 내버려 둬라. 그것을 붙잡는다고 한들 되돌아오지 않는다. 아픈 상처, 힘든 기억들은 남김없이 휴지통에 버리고 굳이 기억하고자 한다면 아름다운 추억만 간직해라.

2. 자신을 객관적으로 바라보아라

성공을 한 사람들에게 성공 요인이 있듯 실패한 사람에게는 분명 실패할 수밖에 없었던 이유가 있다. 그 실패 원인을 냉철하게 분석해라. 그래야 지금의 내 위치가 어디쯤이고 나의 문제점이 뭔가를 객관적으로 볼 수 있다. 실패한 나 자신에게 너무 너그러워선 안 된다. 두 번 다시는 실패하지 않겠다는 각오로 나를 채찍질하고 지난 실패에 대해 깊은 반성의 시간을 가져 오늘의 실패를 훗날 성공의 발판으로 삼아야 한다.

3. 소리 내어 크게 웃어라

웃는다는 게 생각처럼 쉽지 않다. 기분이 조금이라도 언짢거나 사소한 일이라도 스트레스를 받으면 웃음은 순식간에 달아난다. 그래서 그런지 몰라도 사람들은 성인이 된 이후에 얼굴에서 웃음이 점점 사라진다. 그만큼 세상살이가 고달프다는 얘기다. 그렇다고 웃는 날이 오기만을 망연히 기다릴 순 없다. 스스로 웃는 날을 만들어야 한다. 그러기 위해선 일단 미소를 지어라. 미소의 끝에 웃음이 있고 웃음의 뒤에는 즐거움이 따라오기 때문이다. 또한 웃음은 건강까지 지켜준다. 웃음 치료의 대가인 윌리엄 프라이 박사는 웃음이 폐를 확장시키고 심장을 따뜻하게 해서 몸의 긴장을 풀어줄 뿐만 아니라 혈액

순환에도 좋다고 했다. 웃을 일이 없다고들 하지만 찾아보면 우리 주위에 참으로 많다. 길섶에 핀 코스모스를 보며 미소 지어라. 아장아장 걸어 다니는 아이를 보며 미소 지어라. 창가에 드리운 아침 햇살을 보며 미소 지어라. 슬프고 절망스러울 때, 억지로라도 웃어라. 웃음은 절망을 희망으로 바꾸는 특효약이다.

4. 성공을 이룬 나를 상상해라

실패를 밥 먹듯이 했던 한 사람이 있다. 1833년에 처음으로 사업을 시작했으나 빚만 진 채 문을 닫았다. 설상가상으로 3년 뒤 사랑하는 아내를 잃었다. 그 충격으로 인해 그는 신경성 질환을 앓게 되었다. 그 뒤 마음을 고쳐먹고 정치에 입문했다. 그러나 시련은 계속되었다. 1844년에 하원의원 선거에 낙선했고 1856년에는 상원의원 선거에서도 낙선했다. 또 부통령 지명전에서도 실패했다. 인생이 온통 실패로 너덜너덜했지만 그는 포기하지 않았다. 그는 매일 거울 속의 자기 자신을 바라보며 최고의 나, 성공한 나를 상상했다. 그리고 마침내 그 상상은 현실이 되었다. 1860년, 대통령 선거에서 승리한 것이다. 그가 바로 미국 제16대 대통령 에이브러햄 링컨이다. 성공을 원한다면 신념의 주문을 걸어라. 절망을 극복하고자 한다면 희망의 주문을 걸어라. 만 번만 그렇게 한다면 모든 것이 다 이루어지리라.

Chapter 05

성공과 실패의 요인을
내 안에서 찾아라

누구나 최고가 되기를 꿈꾼다. 슬픔도 없고 아픔도 없고 우울함도 없고 햇볕 쨍쨍 내리쬐는 그런 유쾌한 날을 원한다. 그러나 우리의 인생이 행복한 직선만 있는 게 아니다. 굴곡이 있기 마련이다. 성공, 성취, 승리만 있는 게 아니라 실패도 절망도 슬럼프도 있다.

아무리 애를 써도 일이 잘 안 풀릴 때가 있고 바로 눈앞에 있는 기회를 놓치는 경우가 있으며 승승장구하던 사람이 하루아침에 나락으로 떨어지는 경우도 있다.

이런 불운은 특별한 사람에게만 찾아오는 게 아니다. 친구나 가족, 본인에게 찾아올 수도 있다. 그렇다면 실패, 절망, 슬럼프에 맞닥뜨렸을 때 우리는 어떤 마음의 자세를 가져야 할까?

힘들겠지만 그 상황을 태연하게 인정해야 한다. 실패를 요란하게 받아들이지 마라. 지나가는 비가 한 번 세차게 내렸다고 생각해라. 기나긴 인생에 있어 아주 잠깐의 혹한이 찾아왔다고 생각해라. 겨울이 깊어질수록 봄은 그만큼 더 가까이 다가온다는 걸 잊어선 안 된다.

옛말에 '구실일득九失一得 구패일승九敗一勝'이라는 말이 있다.

아홉 개를 잃어야 한 개를 얻을 수 있고 아홉 번을 져야 겨우 한 번 이길 수 있다는 뜻이다. 이처럼 인생에 있어서 성공하기란 그리 쉬운 일이 아니다. 실패하고 한계에 부딪히는 게 다반사다.

그러니 자신의 실수나 실패를 은폐하려고 하지 마라. 그냥 있는 그대로를 보여주고 있는 그대로를 받아들여라. 실패를 당당하게 받아들이는 자가 성공도 꿈꿀 수 있는 것이다.

.

어느 날 처칠이 집무실에서 일을 보고 있는데 똑똑똑 노크 소리가 들렸다. 이어 한 남자가 들어왔다.

"무슨 일로 오셨습니까?"

처칠은 남자에게 정중히 물었다.

그러자 남자는 잔뜩 인상을 찌푸리더니 이내 말했다.

"존경하는 수상님, 너무나 억울해서 이렇게 찾아왔습니다."

"그래요. 말씀해보세요."

남자는 다소 흥분한 어투로 말했다.

"저는 화가입니다. 그런데 며칠 전에 미술 전람회에 작품을 응모했습니다. 주위 사람들은 모두 다 내 그림이 입상할 거라고 말했습니다. 그런데 너무나도 어이가 없는 결과가 나왔습니다."

"결과가 어땠습니까?"

"보잘것없고 수준 낮은 그림들은 입상을 했는데 제 그림은 낙선하고 말았습니다. 도저히 이 결과를 받아들일 수 없습니다. 심사위원들에게 문제가 있는 게 분명합니다. 심사위원들 중에 그림을 전혀 그리지 못하는 사람도 있다고 합니다. 이게 말이 됩니까?"

처칠은 빙그레 미소 지으며 나지막한 목소리로 말했다.

"나는 닭이 아니라 달걀을 낳아본 일이 없습니다. 그러나 어떤 달걀이 싱싱한지 가려낼 수는 있지요. 심사위원도 마찬가지라고 봅니다. 심사위원이 반드시 그림을 잘 그릴 필요는 없습니다. 그림을 잘 보고 평가하는 능력만 있으면 되는 거지요. 당신의 그림이 입상되지 않았다면 분명 당신의 실력이 부족하기 때문일 겁니다. 그래도 억울하다면·누구도 반박하지 못할 만큼 최고의 작품을 그리세요. 그럼 분명 당신의 작품이 입상될 것입니다."

사람들은 어떤 일이 뜻대로 되지 않거나 자기 힘으로 도저히 감당

할 수 없을 때, 좋지 않은 결과에 대해 책임을 회피하기 위해 핑곗거리를 찾기도 한다.

"나는 최선을 다했어. 그런데 주위에서 안 도와줬어."

"시작부터 불공평했어. 자본금만 많았어도 나는 성공할 수 있었어."

"운이 안 따라줬을 뿐이야!"

물론 외부적인 요인으로 인해 실패를 할 수도 있다. 그러나 언제까지 그것에 매달리고 한탄할 것인가. 실패를 실패로 끝내지 않고 성공의 발판으로 삼고자 한다면 실패의 원인을 외부에서보다 내부, 즉 자기 자신에게서 찾는 게 훨씬 바람직하다. 핑곗거리를 찾을 시간이 있으면 먼저 자기 자신의 문제점부터 점검해라. 객관적으로 자기 자신을 들여다볼 필요가 있다.

실패의 원인이 무엇인지 철저하게 분석하는 것이 중요하다. 그래야 다음번에는 똑같은 실패를 피해 갈 수 있고, 창조적인 발전의 계기로 활용할 수 있다.

수도 없이 많은 실패를 반복했지만 60세 이후에 새로운 도전을 했고 마침내 성공을 이룬 인물들을 소개한다. 그들의 실패와 성공의 삶을 통해 당신도 성공의 꿈을 이루길 바란다.

콜로넬 할랜드 샌더스

65세 사업 실패. 사회보장연금으로 생활 연명. 1008번 거절 그리고 1009번째 계약. 드디어 세계적인 프랜차이즈 KFC 탄생.

앤 우드

영국의 교사. 어린이 프로그램을 다수 제작했으나 빛을 보지 못함. 마침내 62세 때 제작한 〈텔레토비〉로 부와 꿈을 이룸.

프랭크 매코트

학생들에게 작문을 가르치고 잡지사에 글을 몇 번 기고함. 60세 이후 글쓰기를 직업으로 택함. 마침내 1997년, 68세 나이에 『안젤라의 재』로 퓰리처문학상 수상.

Chapter 06

낯선 것과
친하게 지내라

아프리카에 이상한 습성을 가진 동물이 있다. 스프링복이라는 동물인데 그 동물은 무리를 지어 달리는 습성이 있다. 한 마리가 갑자기 달리기 시작하면 다른 것들도 그를 따라 일제히 달린다.

"지금 우리가 어디로 가고 있지?"

"그건 왜 물어. 일단 달려."

"왜 달려야 하냐고?"

"앞에서 달리는데 우리라고 그 자리에 멈춰 있을 순 없잖아. 아마도 저 앞에 맛있는 풀이 있는 게 분명해. 그러니까 일단 달려."

잠시 후, 가장 앞에서 달리던 한 마리가 그 자리에 멈춘다. 그러면 뒤에 따라오던 무리들도 일제히 멈춰 선다.

멈춘 그곳. 과연 뭐가 있을까? 별다를 게 없다. 맛있는 풀이 있는 것도 아니고 그렇다고 목을 적셔줄 시원한 물이 있는 것도 아니다. 대부분의 스프링복은 자신이 왜 달리는지 그 이유조차 모른 채 달린다. 남들이 달리니까, 늘 해왔던 습성이니까 그저 달릴 뿐이다. 다음부터는 괜히 힘 빼지 말아야지, 다짐하지만 또 누군가가 달리기 시작하면 그 다짐은 금세 사라지고 다시 무리에 휩쓸려 아무 이유 없이 달린다.

왜 스프링복은 무리를 벗어나 새로운 길, 자기만의 길을 가려 하지 않을까. 무리 지어 달리는 동안 자신의 존재가 점점 사라진다는 것을 왜 깨닫지 못할까.

이건 스프링복만의 문제가 아니다. 당신도 그렇지 않은가.

늘 해왔던 방식, 눈에 익고 몸에 밴 습관, 관례에만 얽매였던 고정관념 등 익숙한 것에만 집착하고 낯설고 새로운 것에 대해선 두려워하며 거부하지 않나.

물론 새로운 것은 두렵다. 그러나 그 두려움 속에는 분명 설렘이 있다. 설렘이라는 감정을 점점 키워내고 두려움을 몰아내면 당신은 어느새 새로운 일을 시작할 것이고 그 일에 익숙해져 나중에는 편안함을 느낄 것이다.

그러나 당신은 '불안'이라는 독소는 경계해야 한다. 두려움은 그 대상을 회피하거나 이겨내고자 하는 마음을 심어주지만 불안은 점점 더 깊어져 마음의 병을 만든다. 불안은 부정적인 결과를 떠올리게 하여 자기 자신을 위축시키고 결국 아무것도 못 하게 만든다.

새로운 것과 맞닥뜨렸을 때 너무 많이 고민하지 말고 단순하게 생각해라. **인생은 어차피 도전의 연속이고 실패와 성공의 반복이다.** 받아들이고 시도해라.

어렸을 때의 기억을 떠올려 보자. 초등학교에 입학해 처음 보는 친구들, 낯선 교실, 익숙지 않은 화장실, 생소한 규칙들. 모든 것이 다 두려웠을 것이다. 그러나 하루가 지나고 이틀이 지나고 서서히 그 생활에 적응하다 보니 처음 느꼈던 두려움은 온데간데없이 사라지지 않았는가. 처음 컴퓨터를 접하는 사람도 얼굴에 근심 걱정이 가득하다. 괜히 아무 키나 눌렀다가 컴퓨터가 고장 날까 봐 자판에 손가락을 올려놓는 것조차 두려워한다. 그러나 시간이 지나고 컴퓨터가 익숙해지면 거침없이 자판을 누르며 여기저기 다양한 사이트를 기웃거리게 된다. 처음에는 두렵지만 막상 접해보면 해볼 만하고 거뜬히 할 수 있다.

의외로 인간은 낯선 상황에도 잘 적응하고 새로운 것에 대해서도 강한 호기심을 갖고 있다. 그러니 처음 대하는 것에 대해 지나치게 경계하거나 겁먹지 말고 언젠가 찾아올 것이 지금 왔을 뿐이라고 생각하며 받아들이고 도전해보길 바란다.

Chapter 07

힘든 날에도
좋은 생각을 해라

회사원 김진호 씨는 오늘 기분이 몹시 언짢다. 입사 동기가 승진을 한 것이다. 그 동기 녀석은 싱글벙글 입가에 웃음이 떠나지 않는다. 퇴근 후에 승진 턱을 내겠다고 호들갑이다.

"진호야, 너도 이따가 나올 거지?"

김진호 씨는 고개를 끄덕였다. 물론 자존심이 상한다. 같은 선상에서 출발을 했는데 누구는 앞서 가고 누구는 뒤처지고. 참으로 환장할 노릇이다. 그렇다고 그 자리에 빠지긴 좀 그렇다. 그게 더 비참하다. 결국 김진호 씨는 씁쓸하지만 축하 자리에 참석했다. 직원들은 모두 다 부장이 된 동기에게 축하주를 주며 축하의 인사를 했다. 김진호 씨도 축하주를 건넸다.

"축하한다."

그런데 그때 눈치 없는 여직원이 김진호 씨에게 말한다.

"그런데 김 차장님은 언제 승진하세요? 동기는 벌써 부장이신데."

김진호 씨의 얼굴은 홍당무가 되었다. 너무나 속상한 나머지 그는 구석자리에 앉아 술을 줄기차게 퍼마셨다. 그런데 일이 터지고 말았다. 몸을 가눌 수 없을 정도로 술에 취한 그는 고래고래 소리를 질렀다.

"네가 잘났으면 얼마나 잘났어! 윗사람한테 손바닥을 얼마나 비벼 댔는지 안 봐도 비디오다!"

결국 김진호 씨는 그 자리에서 쓰러지고 말았다.

김진호 씨의 사례는 비일비재하다. 당신에게도 이런 일이 일어나지 않으리라는 법이 없다. 만약 당신이라면 이 상황을 어떻게 대처할 것인가?

가장 현명한 방법은 축하해줄 건 축하해주고 내 감정을 잘 다스리는 것이다.

"자식, 승진하면 다 좋은 줄 아네. 먼저 앞서 나가면 먼저 퇴출당할 확률이 높은 줄도 모르고……."

이렇게 푸념 비슷하게 자신을 위로하면 그만이다. 물론 오늘의 굴

욕을 잊어서는 안 된다. 지금까지의 내 업무 태도나 상사를 대하는 자세에 문제가 없진 않았는지 점검하고, 더더욱 자기 경쟁력을 키우는 계기로 삼아야 할 것이다.

어차피 이 세상은 경쟁 사회다. 앞서는 자가 있으면 뒤처지는 자가 있고 오르는 자가 있으면 추락하는 자도 있기 마련이다. 365일 늘 태양만 비추진 않는다. 비가 오는 날도 있고 천둥 번개가 치는 날도 있다. 구름 낀 날이라고 우울해할 필요 없다. 구름 뒤편의 태양을 그리워하며 마음을 달래자. 인간사 새옹지마塞翁之馬라는 말도 있지 않은가.

어느 마을에 노인이 살고 있었다. 하루는 기르던 말이 까닭 없이 울타리를 넘어 도망쳤다. 그러나 노인은 태연한 표정을 지으며 중얼거렸다.

"그래. 당장은 안된 일이지만 혹시 알아, 좋은 일이 생길지."

노인의 생각은 적중했다. 몇 달 후, 도망갔던 말은 좋은 말 한 필과 짝을 지어 집으로 돌아왔다.

그런데 말타기를 좋아하던 노인의 아들이 새로운 말을 타다가 떨어져 그만 다리가 부러지고 말았다. 노인은 다친 아들을 보며 예사로이 말했다.

"괜찮다. 지금은 아프겠지만 그게 좋은 일이 될 수도 있을 게야."

그리고 1년 뒤, 전쟁이 터졌다. 마을 청년들은 다들 전쟁터에 끌려 갔지만 노인의 아들은 다리가 불편했기 때문에 징집에서 면제되었 다. 전쟁터에 나간 마을 청년들은 거의 전사하거나 크게 다쳐서 돌아 왔다.

일이 잘 풀리지 않는다고 해서 인생이 불행한 건 아니다. **행복과 불 행은 마음가짐에 달려 있다.** 백 개를 가진 사람이라고 해도 그걸 부 족하게 느낀다면 그 사람은 불행한 사람이고, 한 개를 가진 사람이라 도 그것에 만족하면 그는 분명 행복한 사람이다. 그러니 늘 자기에게 닥친 불행에 지나치게 절망하거나 좌절하지 마라. 그 불행이 다하면 행복만이 남는다.

회의주의 철학자 쇼펜하우어는 "인간의 삶은 불행의 연속이다"라 고 말했다. 그러나 인생이 정말 그럴까? 희망적인 마음으로, 낙관적 인 시선으로 인생을 바라보면 인생은 한없는 행복이며 축제다. 힘든 날에도 좋은 생각을 하자. 그럼 분명 기회는 온다.

PART
02

존재력

Chapter 08

습관적인 겸손에서
벗어나라

카피라이터인 김호철 대리는 수줍음이 많다. 뻔뻔하지도 못하다. 한마디로 내성적인 성격이다. 그에게 이런 일이 있었다. 그가 꽤 괜찮은 광고 카피 한 줄을 쓴 적이 있다. 그의 카피를 보고 팀장은 물론 본부장도 만족했다. 거기다 광고주까지도 흡족해했다.

본부장이 활짝 핀 얼굴로 그에게 다가와 말한다.

"이 카피 누가 쓴 거야? 김 대리가 쓴 거 맞지?"

당연히 김 대리가 쓴 카피다. 김 대리가 머리카락 쥐어뜯으며 커피로 배 채우며 꼴딱 밤새워 힘겹게 쓴 것이다.

그러나 그는 미소 짓더니 본부장에게 대답했다.

"아니에요. 팀원들과 다 함께 쓴 거죠, 뭐."

"그래? 그렇군. 아무튼 수고했어."

본부장은 시큰둥한 표정을 지으며 그 자리를 떠났다. 본부장은 정말로 그 카피가 팀원들의 합작품인 줄 아는 모양이었다. 그는 지나친 겸손 때문에 상사에게 인정받을 수 있는 기회를 스스로 박탈한 것이다. 그렇다고 뒤늦게 본부장에게 달려가 "본부장님, 사실은 제가 쓴 겁니다. 저 혼자서요"라고 말할 수도 없는 노릇이다. 김 대리는 씁쓸한 표정을 지으며 혼잣말로 중얼거렸다.

"저 카피 나 혼자 쓴 건데……."

자랑해도 될 일도 입을 다문 채 그저 남이 자신의 자랑거리를 발견해주기를 기다린다? 그럴 필요 없다. 지나친 겸손은 오히려 상대방의 마음을 불편하게 만든다.

예로부터 겸손을 미덕으로 생각해왔기에 우리는 거기에 길들여져 있다. 물론 자신을 낮추고 반듯하게 예의를 지키는 것이 좋은 일이긴 하다. 그러나 겸손해야 한다는 것에 얽매여 자신의 가치를 제대로 알리지 못한다면 그건 진정한 겸손이 아닐 것이다. **늘 겸손하되 자신을 알려야 할 때는 적극적으로 표현할 필요가 있다.**

그러나 실제로 대부분의 사람들은 자신의 가치를 보여주는 것에 소극적이다. '굳이 내가 말하지 않아도 다들 나의 능력을 알아주겠지' 하고 생각한다. 그러나 그건 자기만의 생각일 뿐이다. 당신이 감추고 있는 당신의 능력을 누군가가 알아차린다는 것은 힘든 일이다.

지금은 시대가 달라졌다. 겸손은 한 번 정도로 충분하다. 또한 그저 주어진 일만 열심히 한다고 해서 모든 일이 다 되는 것도 아니다. 성실성은 기본이요, 이제는 자신의 능력이나 실력을 다른 사람에게 적극적으로 보여줘야 한다.

직장의 경우, 사장이나 임원들은 적극적인 신입 사원을 좋아한다. 사실 그럴 만도 한 것이, 이제 갓 회사에 들어온 신입 사원의 능력은 대개 엇비슷해 아무리 뛰어난 능력을 가진 신입 사원이라 해도 그 능력을 업무에 적용하기에는 어느 정도의 시간이 필요하기 때문이다. 그러하기에 윗사람들이 신입 사원을 평가하는 기준은 다른 게 없다. 바로 '적극성'이다. 얼마나 일에 열의를 갖고 덤벼드는지, 동료들과 잘 어울리는지를 판단하게 되는 것이다.

실제로 한 조사 기관에서 CEO 천여 명을 대상으로 "당신은 부하 직원 중 어떤 사람을 승진시키는가?"라는 질문을 한 적이 있다. 조사의 결과를 보면 좀 놀라운 사실을 발견할 수가 있다. "자주 보는 직원을 발탁한다"라고 무려 60%가 넘는 CEO들이 답변했다. CEO와 거리가 좁은 직원들이 그만큼 승진 기회도 많다는 것이다. 이처럼 자신을 알리는 적극적인 대인 관계가 능력이나 자질 못지않게 중요하다는 걸 알 수 있다.

🌸 남들에게 자신을 알리기

1. 숨거나 피하지 마라

우리의 모습은 어떤가. 학교에 다녔을 때를 생각해보자. 저 멀리서 선생님이나 교수님의 얼굴이 보이면 어디에 숨거나 잽싸게 피하려고 한다. 어쩔 수 없이 마주치게 된다고 해도 그저 고개 숙여 인사를 하고는 어떻게든 빨리 그 자리를 벗어나려고 한다. 그 버릇은 직장에서까지 이어진다. 사장이나 임원과는 될 수 있는 한 마주치지 않기를 바란다. 또 사장과 임원과 함께 회의를 해야 할 상황에서도 사장 및 임원과 최대한 멀리 떨어진 곳에 앉으려고 한다. 언제까지 피하고 숨을 것인가. 앞서 말한 바와 같이 사람들은 누구나 다 자기와 익숙한 사람을 좋아하고 그에게 후한 점수를 주게 되어 있다. 익숙함으로 거리를 좁혀야 한다. 그러니 이제부터는 숨거나 피하지 마라. 아무리 볼품없고 단점투성이더라도 자꾸 보면 좋아지게 된다는 것을 잊어서는 안 된다.

2. 공손하게 인사를 잘해라

윗사람과 마주쳤을 때 고개와 허리를 숙여 깍듯이 인사를 해야 한다. 건성으로 목만 까딱거리는 것은 차라리 인사를 안 하느니만 못하다. 인사는 인간의 도리이며 또한 자신을 알리는 가장 쉬운 방법이기도 하다. 누군가가 예의 바르게 인사를 건네면 그날을 기분 좋게 시작할 수 있다. 또한 그 사람을 오래도록 좋은 이미지로 기억하게 된다. 인사 하나만으로 사람을 평가해서는 안 되지만 대부분 인사성이 밝은 사람은 하나같이 외향적이고 적극적이다. 또한 그런 사람이 대인관계가 원만하고 유능하다. 그게 바로 인사의 힘이다. 인사를 반갑게 건네고 거기에 미소까지 짓는다면 어느새 자기 자신도 더더욱 밝은 사람이 될 것이고 또한 뜻하지 않은 행운도 찾아올 것이다.

3. 자신의 의욕을 보여줘라

앞뒤 논리가 맞지 않더라도, 준비가 미흡하더라도 때론 자신의 의견을 윗사람들에게 밝힐 필요가 있다. 그저 꿰다 놓은 보릿자루처럼 아무 말 없이 가만히 있으면 안 된다. 설령 그 의견이 그다지 생산적이지 않다 하더라도 충분한 가치가 있다. 그 일에 집중하고 있고 또한 깊이 고민하고 있다는 것을 보여주는 셈이기 때문이다.

Chapter 09

세상과의
싸움에서 이겨라

사람들은 자신의 단점이나 치부를 드러내는 것에 대해 큰 두려움을 가지고 있다. 자칫 자신의 부족함이 알려지면 남들에게 좋은 평가를 받지 못할까, 무시당하지 않을까 하는 생각 때문이다. 굳이 자신의 부족함을 떠벌리고 다닐 필요는 없다. 그렇다고 숨기기 위해 세상으로부터 도망쳐 숨죽이며 산다는 것은 어리석은 짓이다. 그럴 바에야 차라리 부족하면 부족한 대로 가진 것 없으면 없는 대로, 있는 모습 그대로를 알리고 세상 밖으로 당당하게 나서는 게 좋다.

이 세상에 완벽한 사람은 없다. 저마다 단점이나 치부 하나씩을 갖고 살아가기 마련이다. 당신의 단점이나 치부를 크게 확대해서 고민하거나 걱정할 필요 없다. 그 정도는 남들도 다 갖고 있다고 속 편하게 생각해라.

자신의 부족함을 당당히 드러내고 세상의 중심에 선 사람이 있다. 바로 호주 청년 닉 부이치치다.

그는 태어날 때부터 희귀병인 바다표범손발증의 장애를 갖고 태어났다. 장애의 정도도 심했다. 팔다리가 없고 몸통 아래 작은 발 하나 달린 게 전부였다.

그의 부모는 앞날이 깜깜했다. 앞으로 이 아이가 어떻게 살아갈지 걱정이 되었다. 그렇다고 이 현실을 숨길 순 없었다.

"뭐든지 가르쳐주도록 합시다."

"그래요. 몸이 좀 불편해도 아는 것이 많으면 어디 가서 제몫은 할 거예요."

그의 부모는 그에게 배울 수 있는 모든 기회를 다 주었다.

공부뿐만 아니라 수영, 골프, 그림, 서핑 등을 그에게 가르쳤다. 그는 스펀지처럼 모든 것을 다 흡수했고 하루하루가 지날수록 실력이 쌓였다. 그리고 부모는 그를 특수학교에 보내지 않고 일반 학교에 보냈다. 그가 친구들에게 놀림을 당할 것을 알면서도 그런 선택을 한 것이다.

학교 생활은 만만치 않았다. 염려했던 대로 그는 친구들로부터 놀림과 조롱을 받았다.

"야, 너 같은 놈이 이 학교에 다닐 자격이 있다고 생각하니? 그냥 집에 틀어박혀 있지 여기는 왜 왔니?"

"특수학교에나 갈 것이지 일반 학교에는 왜 왔어? 그 꼴로 무슨 공부냐!"

그의 가슴속에 눈물이 요동쳤다. 그날 밤, 그는 부모님 앞에서 울부짖었다.

"왜 날 이렇게 낳았어요! 이렇게 열심히 배우면 뭐해요! 아무리 배워도 결국 세상의 놀림감밖에 안 될 텐데!"

아빠는 먹먹해진 가슴을 부여잡았다.

"학교를 그만둬도 좋다. 그러나 여기서 지면 넌 영영 인생의 그늘에서 살아야 할지 모른다. 세상 한가운데로 나가기 위해선 너의 모든 것을 보이고 그 어떤 상황에서도 당당해야 한다. 선택은 너의 몫이다. 어떻게 하겠니?"

그는 더 이상 울 수 없었다. 인생의 낙오자가 되고 싶지 않았다.

"아니요. 전진할 겁니다."

그는 이를 악물고 공부했고 더더욱 적극적으로 친구들에게 다가갔다. 자신의 장애를 남들에게는 없는 자기만의 특징이자 개성으로 받아들이려고 스스로 마음의 문을 열었다. 의지가 강하면 아무리 견고한 벽도 뚫을 수 있다고 했던가. 그의 당당함과 적극성은 사람들에게 감동을 줬고 그래서 그는 세상 사람들과 친구가 될 수 있었다.

그는 현재 동기부여가로 전 세계를 누비며 강연을 하고 있다. 단점으로 인해 고민하는 사람, 치부를 숨기기 위해 마음 졸이는 사람, 자신이 못났다고 생각하는 사람, 고된 삶 속에서 허우적거리는 사람 등등 인생의 전환이 필요한 사람들에게 용기와 희망을 전하고 있다. 그는 한 인터뷰를 통해 이렇게 말하기도 했다.

"이제 좀 알겠습니다. 신이 왜 나를 만들었는지."

혹여 당신은 지금 자신의 단점이나 치부 때문에 세상 앞에, 사람 앞에 나서기를 두려워하는가. 그렇다면 팔다리가 없는 청년, 닉 부이치치를 생각해라. 그도 당당히 세상의 중심으로 나섰는데 당신이라고 못 할 것은 없다.

남보다 가진 게 없으면 어떤가. 남보다 능력이 부족하면 어떤가. 남보다 경력이 없으면 어떤가. 남보다 인맥이 좁으면 어떤가. 그런 건 장애가 될 수 없다. 부족한 건 채우면 되고 채워도 부족하다면 그것을 극복할 강한 자신감으로 대신하면 된다.

단점과 치부로 무릎 꿇기보다는 당당함과 자신감을 선택하기 바란다. 자신과의 싸움에서, 세상과의 싸움에서 승리자가 되기 바란다.

『손자』의 「모공 편」에 '지피지기 백전불태知彼知己百戰不殆'라는 말이 나온다. 상대를 알고 나를 알면 백 번 싸워도 위태롭지 않다는 뜻으로, 상대편과 나의 약점과 강점을 충분히 알고 승산이 있을 때 싸움에 임하면 이길 수 있다는 말이다. 그러나 현실적으로 상대에 대해 알기란 그리 쉽지 않다. 상대도 지지 않으려고 자신의 것을 최대한 감추려할 것이다. 그렇다면 일단 나 자신부터 알아야 한다.

광고 마케팅 용어 중에 'SWOT(스왓) 분석'이라는 게 있다.

'SWOT'은 강점strength과 약점weakness, 기회opportunity와 위협threat이라는 각 단어의 이니셜의 조합이다.

SWOT 분석은 기업이나 상품의 강점(S)과 약점(W)을 발견하고, 외부 환경을 분석하여 기회(O)와 위협(T)을 찾아냄으로써 이를 토대로 강점은 살리고 약점은 죽이고 기회는 활용하고 위협은 억제하여 더 나은 조건으로 발전시키기 위한 마케팅 전략의 하나다.

SWOT 분석은 기업이나 상품에만 적용되는 게 아니다. 개인에게도 충분히 적용할 수 있다.

SWOT 분석으로 자기 자신에 대해 제대로 파악하자.

● 나의 강점(S)은 무엇인가?

● 나의 약점(W)은 무엇인가?

● 나에게 찾아온 기회(O)는 무엇인가?

●나를 힘들게 하는 요소(T)는 무엇인가?

   나 자신을 알았다면 이제 나의 강점을 강화하고 새롭게 도약할 기회를 찾아보도록 하자.

Chapter 10

나만의 캐릭터를
구축해라

학창 시절에 별명을 가지고 있던 친구들은 세월이 많이 흘러 다시 만
나도 금세 얼굴과 별명이 매치된다. 그러나 별명도 없고 특별한 사건
도 없었던 친구들은 얼굴도 잘 기억나지 않고 이름도 가물가물하다.
사람의 기억이란 사건이나 자극을 통해 강하게 각인되고 오래도록
머물기 때문이다. 그래서 독특한 별명이 있다거나 반장을 했다거나
공부를 잘해 항상 1등을 했다거나 아니면 매일 사고만 쳤다거나 하는
동창들은 그때의 이미지가 깊게 남아 오랜 시간이 지난 후에도 생생
하다. 그러나 캐릭터가 없는 사람, 공부도 중간, 성격도 흐지부지한
동창들은 잘 기억되지 않는다. 그러므로 별명이 있다는 건 참으로 행
복한 일이다. 관심과 주목을 받는다는 것이고 상대방에게 부담 없는

존재로 다가갈 수 있다는 것이다.

　같은 학과 친구들은 당신을 뭐하고 부르는가? 회사 동료는 당신을 뭐라고 부르는가? 이름을 부를 수도 있겠고 이름 앞에 이를테면 '뚱보', '멋쟁이', '게으른' 등의 수식어를 불러 부를 수도 있고 아예 이름 대신 별명을 부르는 경우도 있을 수 있다. 듣기 좋은 별명이든 듣기 싫은 별명이든 별명이 있다는 건 자신의 존재가 남들에게 인식이 되었다는 뜻이다. 그리고 별명은 곧 관심을 의미한다. 별명이 없다는 건 그 사람이 재미가 없는 무색무취의 무미건조한 사람임을 의미한다. 그런 사람은 열이면 열 매력이 없다. 따라서 자기만의 캐릭터를 구축하는 게 중요하다. 캐릭터의 구축은 곧 자기만의 가치를 높이는 일이기도 하다. 기업들도 자기 회사나 제품만의 캐릭터가 중요하기는 마찬가지다.

　자기만의 캐릭터가 있느냐, 없느냐는 사회생활에 큰 영향을 미친다. 캐릭터가 없다는 것은 존재감이 없다는 걸 말한다. 직장 내에서 차별화된 캐릭터의 존재는 자신의 능력을 발휘하고 성실하게 일하는 것 못지않게 중요하다. 캐릭터는 언제나 풍부한 얘깃거리를 제공하고 다른 사람을 유쾌하게 만들고 또한 다른 사람들의 관심을 집중시키는 효과가 있기 때문이다.

어느 날 한 남자가 월트 디즈니를 찾아왔다.

"안녕하세요. 저는 시계를 만드는 회사의 사장입니다."

"아, 그렇군요. 그런데 무슨 일로 저를 찾아왔죠?"

"다름이 아니라 당신이 만든 캐릭터를 사용하고 싶습니다."

월트 디즈니는 고개를 갸웃거렸다.

"그게 무슨 말씀이신지……."

당시만 해도 캐릭터 사업에 대한 개념조차 없었다.

"저희 회사가 만드는 손목시계에 미키마우스를 그려 넣어서 팔고 싶습니다."

"미키마우스를요?"

"그렇습니다. 저희 시계와 미키마우스가 만나면 귀엽고 세련된 느낌의 새로운 시계가 탄생할 것 같습니다. 그리고 분명 소비자들도 좋아할 겁니다."

월트 디즈니는 고개를 끄덕였다.

"좋소. 바로 계약하겠소."

몇 달 후 '미키마우스 시계'가 세상에 나오자, 소비자들의 반응은 참으로 뜨거웠다.

"어머, 시계가 정말 귀엽다."

"시계 안에 쥐가 들어 있네."

한마디로 대박이었다. 그렇게 미키마우스는 캐릭터 자체로서는 세계 최초로 상품화가 된 것이다. 현재 미키마우스는 탄생한 지 80년이 지났지만 여전히 전 세계 사람들로부터 가장 사랑받는 캐릭터로 자리를 지키고 있다.

기업의 이미지나 상품에 캐릭터를 구축한다는 건 그리 쉬운 일이 아니다. 캐릭터 구축은 곧 나무토막에 생명을 불어넣어 살아 움직이는 피노키오를 만드는 일과 같다. 또한 잠자는 기존의 상식을 깨고 시간과 노력을 많이 투자해야 이루어진다.

의류 중에 캐릭터 강한 의류 브랜드로 '베네통'을 빼놓을 수가 없다. 베네통은 수많은 의류 브랜드 중에서 독특하고 창의적인 캐릭터로 세계인들, 특히 젊은이들로부터 많은 사랑을 받고 있다.

그러나 그런 캐릭터가 하루아침에 만들어진 게 아니다. 무일푼으로 시작해서 세계 최고의 패션 왕국을 건설한 루치아노 베네통은 자신의 의류를 다른 의류와는 다르게 차별점을 두고 싶었다. 오랜 연구 끝에 그는 염색하지 않은 실을 가지고 옷을 생산한 뒤 염색하는 후염 가공 공정 기술을 개발했다. 당시만 해도 획기적인 일이었다. 후염가공 공정 기술 덕분에 한 가지 제품을 여러 색상으로 만들 수 있었다. 그는 거기에 머물지 않았다. 본격적으로 자사의 제품에 이미지를 만들기 시작했다. 그건 광고를 통해서다. 그는 도발적인 사진으로 승부를 걸었다. 신부와 수녀가 키스를 한다든지, 다양한 인종이 벌거벗고 있다든지 하는 파격적인 광고를 통해 기존의 질서와 틀을 무너뜨리고 자유로움의 극치를 표현했다. 그게 바로 베네통의 정신이라는 것이다. 광고를 본 모든 사람은 놀랐고 비판도 많았다. 그러나 베네통이라는 캐릭터를 강하게 심어주기에는 충분했다.

상품이나 연예인, 유명한 인물들에게만 캐릭터가 필요한 게 아니다. **평범한 사람도 자신만의 캐릭터로 자신의 브랜드 가치를 높여야 하는 시대다.** 남들에게 알려야 가치 있는 존재가 되는 것이다.

문화평론가 김헌식은 이렇게 말했다.

"마치 연예계처럼, 차별성 있는 자신만의 캐릭터가 있느냐가 직장 생활 롱런의 포인트다."

당신도 당신만의 캐릭터를 만들기 위해 노력해야 한다.

나만의 긍정 이미지 만들기

1. 있는 그대로를 보여라

억지로 나를 포장할 필요는 없다. 거짓 없고 진솔한 모습을 통해서 상대방의 마음의 문을 여는 게 가장 쉽고 옳은 방법이다. 괜히 남을 따라 할 필요도 흉내를 낼 필요도 없다. 있는 그대로의 모습을 보여라. 그게 가장 확실한 캐릭터다. 아무리 못난 사람이라도 분명 한 가지의 매력은 있기 마련이다.

2. 확실하게 표현해라

예스면 예스, 노면 노! 확실히 해야 한다. 술에 술 탄 듯 물에 물 탄 듯 거절을 못해 늘 수긍만 하고 자기 의견이 없다면 무시당하고 이용당하기 십상이다. 때론 그다지 논리에 맞지 않는 의견일지라도 자신의 뜻이 확고하다면 밀고 나가는 것도 필요하다. 설령 그 의견이 채택되지 않더라도 자신의 캐릭터는 확실히 심어줄 수 있다. 1등을 할 자신이 없다면 즐겁고 유쾌한 사람이 되어라. 사회생활에서 즐겁고 유쾌한 사람들은 언제나 인기가 많다. 그런 사람과 함께 있으면 덩달아 기분이 좋아지기 때문이다.

3. 긍정적인 캐릭터를 만들어라

게으른 사람, 지저분한 사람, 이기적인 사람 등 나쁜 캐릭터로 각인이 되면 회복하기가 힘들다. 아무리 일 처리를 깔끔히 한다 해도 그다지 좋지 않은 시선으로 바라볼 것이다. 그렇기 때문에 정직한 사람, 성실한 사람, 인사성 밝은 사람, 능력 있는 사람 등등 이왕이면 긍정

적인 캐릭터로 알려져야 한다. 그렇게 알려지면 설사 실수를 한다 해
도 이해해주고 격려해주는 사람이 주위에 많을 것이다.

Chapter 11

단점을 숨기지 말고
멋지게 포장해라

오직 나만 못나고 나만 능력 없고 나만 못생겼다고 자신을 학대하지

말자. 사람은 누구나 다 단점을 가지고 있기 마련이다. 그리고 단점에

는 긍정적인 측면도 있다. 오스트리아의 정신분석학자인 아들러는

단점에 대한 열등의식은 자신의 또 다른 능력을 찾아내는 계기가 되

거나, 극복하고자 하는 의지를 솟구치게 한다고 말했다. 부족함 없고

완벽한 사람은 절대로 무언가를 얻으려 노력하지 않는다. 단점을 가

진 자들만이 그것을 극복하기 위해 노력한다. 그러는 과정 속에서 그

는 점점 성공의 문과 가까워지는 것이다.

유럽과 미국의 패션계에서 섭외 1순위로 꼽히는 패션모델이 있다.

그녀의 이름은 알렉 윅이다. 그녀를 잘 알지 못하는 사람들이라면 그녀의 외모에 대해 이렇게 상상할 것이다. 하얗고 고운 피부, 찰랑거리는 금발, 아름답고 고급스런 얼굴. 그러나 그녀는 그렇지 못하다. 오히려 그 반대에 가깝다. 까만 피부, 지나치게 길쭉한 다리, 오리처럼 툭 튀어나온 엉덩이, 우스꽝스럽게 생긴 얼굴을 가졌다. 더군다나 좋은 환경에서 자라지도 못했다. 아프리카 수단의 한 가난한 가정에서 태어났고 수단 내전으로 인해 난민 수용소에서 생활하기도 했다.

그런 그녀가 세계 패션의 아이콘이 되었다. 그녀가 그렇게 될 수 있었던 이유는 뭘까? 식상한 백인 모델이 아니었다는 게 첫 번째였고 두 번째는 어떤 의상이든 아름답게 소화해내는 능력과 어느 자리에서든 당당함을 잃지 않는 자신감이었다.

그녀는 패션모델이 되기엔 단점이 많았지만 그 단점을 개성화·차별화시켰다. 그래서 더더욱 돋보일 수 있었으며 아름다울 수 있었다.

그렇다. 사람은 누구나 한 가지 이상의 매력을 갖고 태어난다. 아무리 못난 사람도 남과 다른 자기만의 무엇이 있기 마련이다. **단점도 개성화·차별화를 시키면 장점이 될 수 있는 것이다.**

당신의 단점은 무엇인가? 어쩌면 그것이 당신을 돋보이게 하는 차별화 포인트가 될 수 있다. 그것이 성공으로 가는 첫걸음이 될 수도 있다.

Chapter 12

생각의 혁명을
일으켜라

"넌 가진 것도 없고 그렇다고 부모를 잘 만난 것도 아니야. 도대체 앞으로 어떻게 살래? 정말로 막막하다. 안 그러니?"

가브리엘은 거울 속 자신에게 말했다. 그러더니 잠시 뒤 눈가에 눈물이 고였다.

사실 그녀에겐 아무것도 없었다. 열두 살에 어머니가 돌아가시고 아버지는 자식을 키울 능력이 없었다. 그래서 그녀는 수녀회에서 운영하는 수도원에 보내졌다. 한마디로 돈도 없고 뒤를 봐주는 사람도 없었다. 그러나 그녀는 좌절하지 않았다. 아무리 가진 것도 없고 든든한 후원자가 없어도 최고의 자리에 오를 수 있는 길이 있다는 것을 잘 알고 있었기 때문이다. 그녀의 무기는 바로 '창조력'이었다. 남들이

감히 따라올 수 없는 뛰어난 창조력만 있으면 모든 것을 다 얻을 수 있다고 생각했다.

어느 날 그녀는 돈 많은 남자친구 덕에 승마장에 갈 기회가 생겼다. 간편한 남자들의 복장과는 달리 여자들의 복장은 참으로 복잡하고 불편했다. 치마를 입고, 더군다나 허리를 졸라매는 코르셋, 제대로 움직일 수도 없게 만드는 거추장스러운 드레스, 목 끝까지 단추를 채워야 하는 갑갑한 상의까지, 한마디로 여자는 옷으로부터 자유로울 수가 없었다. 그녀는 그 순간 좋은 생각이 떠올랐다.

'그래, 남자처럼 여자들도 바지를 입는 거야!'

당시만 해도 여자가 바지를 입는다는 건 상상조차도 못 할 일이었다. 그녀는 번뜩이는 생각을 놓치지 않았다. 그녀는 여성들을 위해 목이 보이는 티셔츠와 발목이 보이는 바지를 만들어 팔았다. 정숙을 최고의 미덕으로 삼았던 당시에 그 옷은 파격에 가까웠다. 천박한 옷이라며 비난도 많이 받았지만 결국 그 옷은 그녀에게 성공을 안겨주었고 그녀는 세계적인 패션 디자이너가 되었다. 자신의 우울했던 과거를 모두 다 뛰어넘어 최고의 자리에 오를 수 있었던 것은 그녀의 창조력 덕분이었다. 그녀가 바로 창조에 대한 끝없는 열정을 보여준 코코 샤넬이다.

창조력은 재력과 권력과 학력을 압도하는 강력한 힘을 가지고 있다. 그게 바로 창조력의 매력이다. 가진 것 없고 힘이 없고 배운 게 없다고 불평불만을 늘어놓거나 한탄하지 마라. 또한 쉽게 세상 앞에 무릎 꿇지 마라. 어쩌면 그건 되레 창조에 온 힘을 쓸 수 있는 조건이 될 수 있다. 사는 게 불편하다고 불평하지 마라. **모든 창조력은 불편함을 극복하는 데서부터 시작된다.**

미국 필라델피아에 하이만이라는 사람이 살고 있었다. 그는 집안 형편이 어려워 상급 학교에 다닐 수 없었다. 그러나 그에겐 그림을 잘 그리는 재능이 있었다. 그는 넓고 근사한 화실을 갖는 게 꿈이었다. 그는 습작도 하고 돈도 별 겸 사람들의 인물화를 그려주었다. 나날이 그림 솜씨가 발전되었다. 그러나 그림을 그릴 때마다 불편한 점이 있었다. 지우개를 사용하려고 하면 지우개가 어디로 갔는지 보이지 않았다. 그래서 하이만은 지우개를 왼손에 꼭 쥐고 그림을 그리기까지 했다. 그러다 문득 이런 생각을 했다.

'지우개를 연필 끝에 매달면 어떨까?'

하이만은 그 생각을 바로 실행으로 옮겼다. 양철을 이용해 연필 뒤에다 아예 지우개를 단단히 묶었다. 이렇게 해서 '지우개 달린 연필'이 탄생되었다. 그는 지우개 달린 연필로 특허를 냈고 이 특허권을 연필 제조 회사에 팔았다. 연필 회사에서 착수금 1만 5천 달러와, 한 자루 팔릴 때마다 2퍼센트의 이익금을 준다는 조건으로 특허권을 샀다. 그래서 그는 17년 동안 매년 약 1천 달러에 가까운 수익을 얻었다. 동네에서 제일 가난했던 하이만은 창조력 하나로 마을에서 제일가는 부자가 되었고, 이 돈으로 훌륭한 화실을 만들어 그의 꿈도 이루었다.

자기가 의지를 갖고 남보다 조금 더 깊이 생각하고, 조금 더 달리 생각한다면 충분히 가능한 일이다. 그게 바로 창조가 인간에게 주는 공평한 기회다. 누구에게나 능력이 있다. 다만 그것을 발견하지 못했을 뿐이다.

창조를 거창하게 생각하지 말자. 세상을 바꿀 만한 위대한 발명이나 아무도 생각하지 못한 획기적인 것을 만들어야 한다는 부담감에서 벗어나자. 창조는 새로운 것에 대한 갈망의 결과이기도 하지만 지금 당장 불편한 점을 극복하고자 하는 의지의 소산이기도 하다. 불편은 창조의 어머니라는 말이 있다. 일단 불편한 것부터 해결하기 위해 노력하자. 그게 창조의 출발이다.

어느 마을에 늙은 의사가 나타났다. 그 의사가 그 마을에 온 이유는 자신이 조제한 소화제와 그 제조 비법을 팔기 위해서였다. 늙은 의사는 약국으로 들어가 젊은 주인과 흥정하기 시작했다. 오랜 흥정 끝에 드디어 결론이 났다. 주인은 그 의사에게 돈뭉치를 건넸고, 늙은 의사는 그 소화제에 대한 제조·판매권을 젊은 주인에게 넘겼다.

젊은 주인은 두 주먹을 불끈 쥐며 기뻐했다. 그리고 마음속으로 말했다.

'그래, 이건 하늘이 주신 기회야. 이런 위대한 창조물을 내 손안에 넣다니! 난 행운아야.'

젊은 주인은 1919년, 음료 회사를 설립하고 그 소화제를 청량음료로 재정의해 세상에 선보였다. 그 음료를 맛본 사람들은 열광했다.

"세상에 이런 음료가 있다니. 정말로 놀라워."

"금방 먹었는데 또 먹고 싶다."

세상에서 빛을 보지 못한 창조물을 세상에서 가장 위대한 창조물로 재탄생시킨 젊은 주인, 그가 바로 코카콜라의 창시자, 아서 캔들러다.

코카콜라는 대단한 위력을 발휘했다. 사탕수수를 재배하는 자들에게 일자리를 주었고, 그 음료를 담은 용기를 만들기 위해 디자이너가 고용되었으며, 카피라이터 등이 새로운 프로젝트에 착수하게 되었다. 공장이 돌아가고 판매 사원이 필요하게 되었다. 그리고 무엇보다도 그것을 마시며 행복해하는 사람들이 세계 곳곳에 생기게 되었다.

이처럼 하나의 창조물이 세상을 바꾸고 수많은 사람을 먹여 살리기도 한다.

당신도 가진 게 없고 돈도 없고 뒤를 봐주는 사람도 없는가. 그렇다면 남들과 조금 다른 생각을 해라. 그리고 실행에 옮겨라. 그게 한 방에 뜨는 비결이다.

일주일 앞으로 다가온 면접시험도 창조력을 발휘할 수 있는 좋은 기회다. 늘 해왔던 식으로 면접을 본다면 결과는 뻔하다. 자기만의 개성이나 능력을 짧은 시간에 최대한 보여줄 수 있는 방법을 찾아야 한다. 그게 바로 창조력이다.

그러고 보면 『생각의 혁명』의 저자 로저 본 외흐의 말이 맞을지도 모른다.

"끊임없이 변화하고 발전하는 이때, 기존의 것을 극복하고 새로운 것을 찾아내는 것은 반드시 필요하다. 일반적으로 창조적 사고는 특별한 일을 하는 사람에게만 필요한 것이라고 생각하기 쉽다. 하지만 창조력이 정말 필요한 곳은 우리의 가정이나 학교와 같은 기본적인 공간일지도 모른다. 빠르게 변화하는 시대에 발맞춰 나아가기 위해서는 모든 사람에게 창조적 사고의 기술이 반드시 필요하다."

창조는 무지개처럼 저 멀리 있는 것이 아니다. 우리 눈앞에, 우리의 일상 속에 있다. 생활 속에서 불편한 것을 해결하고 당장 코앞에 닥친 문제를 슬기롭게 해결하는 것, 그게 바로 창조이며 그 작은 창조의 습관이 자신을 새롭게 만들고 남들에게 인정받을 수 있는 위대한 힘을 길러준다.

🌸 창조적인 생각을 위한 단련법

1. 정해진 시간 안에 목표를 달성해라

5분이라는 시간은 친구랑 수다를 떨기에는 턱없이 짧다. 그러나 생각을 하기에는 충분한 시간이다. 시간이 부족해서 못 한다는 말은 하지 말자. 오히려 시간이 제한되어 있을수록 더 많은 능력을 발휘할 수가 있다. 제한된 시간은 적당한 긴장감을 유발해 집중력을 높일 수 있다. 또한 마음이 조급하기 때문에 문제 해결을 위해 평소에 하지 못한 독특한 생각을 해낼 수도 있다. 그래서 놀랍게도 정해진 시간 안에 목표를 끝낼 수 있다. 시간을 정해놓고 목표를 끝내는 훈련을 반복적으로 하자. 그런 반복을 통해 당신의 창의력이 어느새 시간을 뛰어넘어 목표를 달성하게 해줄 것이다.

2. 파괴하고 조합하고 새롭게 구성해라

'창조적 파괴creative destruction'라는 말이 있다. 경제학자 조지프 슘페터가 기술의 발달에 경제가 얼마나 잘 적응해나가는지를 설명하기 위해 제시했던 개념으로, 기술혁신으로서 낡은 것을 파괴, 도태시키고 새로운 것을 창조하고 변혁을 일으키는 창조적 파괴 과정이 기업경제의 원동력이라는 것을 강조하고 있다. 당신도 기존의 것을 그대로 수용하지 말고 뒤집고 비틀고 파괴해라. 그리고 말도 안 되는 것을 붙이고 조합해라. 창의력은 파괴로부터 시작된다.

3. 헤드라인을 바꿔봐라

인쇄 광고물이나 신문을 보면 헤드라인이 있다. 굳이 본문을 읽지 않더라도 헤드라인만을 통해 본문을 파악할 수 있고 또한 헤드라인은 본문을 읽고 싶게끔 유도하는 역할을 한다. 헤드라인은 모든 글의 농축액이고 호기심을 유발하는 유도제다. 그런 헤드라인을 이제 당신이 직접 써보고 기존의 것을 바꿔보자. 헤드라인을 잘 쓰는 사람은 그만큼 사람들의 심리를 꿰뚫는 것이고 사람들로부터 주목을 받을 수 있는 능력을 갖춘 셈이다. 광고물이나 신문 헤드라인을 보면 그냥 넘기지 말고 더 멋지게 바꿔보자. 헤드라인 바꾸기를 통해 자신도 모르게 놀라운 창의력의 세계에 빠지게 될 것이다.

Chapter 13

프레젠테이션 능력을 갖추어라

운전을 하다가 가벼운 접촉 사고가 났을 때, 무조건 큰소리치라는 말이 있다. 목소리 큰 사람이 이긴다는 거다. 물론 나중에 조사해보면 잘잘못이 다 가려지겠지만 아무튼 바보처럼 얌전히 있다가 손해 보지 말라는 얘기다.

요즘은 입심이 좋은 사람이 대우받는 시대다. 하다못해 시장에서 장사를 할 때도 큰 목소리로 외쳐야 물건을 하나라도 더 팔 수 있다.

직장에서는 입심이 차지하는 부분이 상당히 크다. 직장에서의 입심은 단지 목소리가 크고 수다를 잘 떠는 정도의 차원이 아니다. 얼마나 논리적이고 설득력이 있는가 하는 것이 관건이다.

이민호 차장은 요즘 고민이다. 저년차 때는 좋은 아이디어를 내고 팀장이 시키는 일만 제대로 하면 별문제가 없었는데 이제 입사 7년차가 되니 남들 앞에서 말을 해야 할 상황이 날이 갈수록 많아진다. 그리고 며칠 후에는 팀장을 대신해서 사장님 앞에서 하반기 신제품 판매 전략에 대해 프레젠테이션을 해야 한다. 이 차장은 이제껏 단 한 번도 남 앞에서 프레젠테이션을 한 경험이 없다. 더군다나 평소 대인 울렁증을 갖고 있기도 하다. 결국 이 차장은 팀장을 찾아가 이렇게 말한다.

"팀장님, 사장님께 보고하는 거 있잖아요. 그거 팀장님께서 하시면 안 됩니까?"

"왜? 무슨 문제라도 있나?"

"아니, 그게 아니고……. 다음에 하면 안 될까요?"

"다음에? 그래 좋아. 나는 일부러 이 차장 생각해서 기회를 준 건데. 알겠네."

이 차장은 간신히 위기를 넘겼지만 다음번에도 미룰 순 없다. 시간이 지나 나중에 팀장이라는 직함을 달게 된다면 직접 프레젠테이션을 소화해내야 한다. 그래서 요즘 이 차장은 회사를 계속 다닐 수 있을까, 고민이 깊다. **프레젠테이션 능력! 이 시대의 직장인이라면 반드시 갖추어야 할 필수 요소인 동시에 경쟁력이다.**

아무리 성실하고 일 처리가 깔끔해도 프레젠테이션 능력이 없으면 인정받기 어렵고 진급하는 데 한계가 있다. 영업에 있어서도 프레젠테이션의 중요성이 나날이 커지고 있고 사내 회의에서도 역시 프레젠테이션으로 자신의 생각을 전달하는 것이 점점 늘어가는 추세다.

그러나 대부분의 사람들이 남 앞에 적극적으로 나서는 것을 두려워한다. 더군다나 남들을 말로써 설득해야 한다는 것에 대해 큰 부담감을 갖고 있다. 평상시에 농담도 잘하고 입담도 좋은 사람인데 막상 연단에만 서면 덜덜덜 떨고 어쩔 줄 몰라 안절부절못하는 경우가 있다.

그렇다면 말 잘하는 사람이 대우받는 이 시대에 말 못하는 사람들은 어떻게 대처해야 할까? 달리 방법은 없다. 발표력을 키우는 수밖에.

프레젠테이션 능력을 키우기 위한 몇 가지 스킬이 있다. 그러나 전쟁터에 나가는 병사가 아무리 좋은 무기를 가지고 있다고 한들 굳은 결의가 없으면 소용이 없듯 마음가짐, 즉 자신감으로 먼저 정신 무장을 해야 한다. '나도 할 수 있다'라는 마음가짐이 있다면 반은 성공한 것이다.

초보자를 위한 프레젠테이션 스킬

1. 일단 다 외워라

대인공포증이 심하고 입심이 없는 사람이라면 발표할 내용을 처음부터 끝까지 외우는 것이 좋다. 외우고 있으면 마음이 좀 편안해진다.

그러나 주의할 점은 외운 티를 내면 안 된다는 것이다. 연극한다 생각하고 자연스럽게 말해야 한다.

2. 목소리를 크게 해라

목소리가 작으면 듣는 사람이 답답하다. 듣는 사람은 곧 딴짓을 하기 시작한다. 그런 모습을 본 발표자는 급격히 자신감을 상실하고 목소리가 더 작아진다. 그리고 결국 망친다. 그러니 일단 목소리를 크게 내라. 발표를 잘하고 못하고는 나중 문제다. 설령 말을 좀 버벅대고 어설프더라도 "저 사람 목소리 하나는 엄청 크네"라는 소리를 들어라. 목소리가 크면 자신감도 점점 커지기 마련이다.

3. 혹할 만한 비주얼을 보여줘라

말이 잘 안되면 비주얼의 도움을 받아라. 사람들은 듣는 것보다 보는 것에 더 끌린다. 재미있는 그림 한 장이면 분위기가 금세 환해지고 감동적인 그림 한 장이면 마음의 문을 열 수 있다. 아무리 말을 번지르르하게 잘해도 비주얼보다는 힘이 약하다. 시선을 끌고 말에 더더욱 집중시킬 수 있는 그림을 끼워 넣어라.

4. 자기 말투로 자연스럽게 말해라

말투가 어눌하고 더듬거린다 해도 괜히 그걸 숨길 필요는 없다. 있는 그대로 보여줘라. 물론 연습을 통해 부족한 점을 고치면 좋겠지만 그게 쉽지 않다면 그대로 보여주는 것도 나쁘지 않다. 괜히 똑똑한 척 어설프게 아나운서 말투를 흉내 내지 마라. 진실성이 없어 보인다. 말투도 중요하지만 그보다 중요한 건 이야기 속의 진정성이다. 자기 말투에 자신의 진심을 담으면 그게 최고의 무기다.

소통력

Chapter 14

인간관계에는 갈등이
있음을 알아라

공자는 수많은 제자가 있었지만 그중 안회라는 제자를 가장 아꼈다.

어느 날 공자가 안회와 함께 여행을 가던 도중 양식이 떨어졌다.

"오늘도 채소뿐입니다."

"그래, 어서 먹자."

둘은 일주일째 채소만 먹었다. 공자가 깜박 낮잠이 든 사이에 안회
가 마을에 들러 쌀을 구해 와 밥을 지었다. 공자가 잠에서 깨어 눈을
살짝 뜨고 바라보니 안회가 밥솥에 있는 밥을 한 움큼 집어 먹는 것이
었다. 공자는 두 눈을 부릅뜨고 안회에게 말했다.

"먹을 게 있으면 웃어른부터 줘야 한다고 그렇게 가르쳤건만…….
쯧쯧, 어디서 배운 버르장머리냐!"

그러자 안회는 양손을 내저으며 말했다.

"그게 아닙니다. 밥 윗부분에 흙이 묻어 있어서 그런 것입니다. 스승님께 흙 묻은 밥을 드릴 수 없었기 때문에 제가 먹은 것입니다."

안회의 말을 들은 공자는 얼굴이 붉어졌다. 그리고 허허 웃으며 말했다.

"널 의심해 미안하구나. 예전엔 나의 눈을 믿었는데 이제는 이 눈도 믿을 수 없구나. 또한 나의 머리도 역시 완전히 믿을 것이 못 되는구나. 안회야, 잘 새겨들어라. 이처럼 누군가를 이해한다는 건 참으로 힘든 일이다."

넉넉하고 인자한 마음의 상징인 공자마저도 사람을 이해하는 게 그리 쉬운 일이 아니라고 말했다. 다시 말해서 사람과 사람 사이에는 분명 갈등이 존재한다는 것이다.

그렇다. 살다 보면 인간관계에서 힘든 일이 자주 발생한다. 상처와 배신, 그리고 미움과 질투 등등. 인간관계가 항상 좋을 수만은 없다. 피하려고 해도 어쩔 수 없이 문제가 발생한다. 그렇다고 문제 앞에 너무 좌절하거나 실망하지 마라. 문제는 해결되라고 있는 것이다.

어느 모임에 소속돼 있건, 집안일이건, 직장 생활이건 인간관계 속에서 뜻하지 않은 크고 작은 일이 수도 없이 일어나지만 그때마다 사람을 미워하거나 그 관계에서 벗어나려고 한다면 결국 자기 자신만 손해다. 인간으로 태어난 이상, 인간을 벗어나 살 순 없다. 어디를 가든 늘 자신의 생각과 다른 사람들과 부딪치기 마련이다. 또한 자신을 괴롭히는 사람도 존재한다.

특히 직장인이 인간관계에서 오는 스트레스를 많이 받는다. 직장인들에겐 스트레스 요인이 많이 있다. 다른 회사에 비해 월급이 적다든가, 일주일 내내 야근이 계속된다든가, 근무 환경이 열악하다든가 등등. 그러나 이런 것들보다도 더 큰 스트레스로 다가오는 것이 있다.

온라인 채용 정보 사이트 '파워 잡'에서 직장인들을 상대로 가장 많은 스트레스 요인에 대해 설문 조사를 했다. 전체 응답자 624명 중 44%에 해당하는 272명이 "인간관계"라고 답변했다.

이와 비슷한 결과의 설문 조사가 또 있다. 온라인 취업 사이트 '사람인'이 직장인 2178명을 대상으로 설문을 진행한 바에 따르면, "직장에서 업무보다 인간관계 유지 때문에 더 많은 스트레스를 받은 경험이 있습니까?"라는 질문에 무려 72.9%가 "있다"라고 응답했다.

인간관계에서 오는 스트레스는 직장 내의 문제만은 아니다. 학교 내에서도, 친구 사이에서도, 하물며 가족 간에서도 인간관계로 인한 스트레스를 받는다.

'왜 나는 미운 사람이 있을까, 혹시 내 마음이 좁은 걸 아닐까, 내가 이해심이 부족한 걸까' 하고 스스로를 너무 못난 사람으로 생각하지 마라. 다양한 사람들을 겪다 보면 사람에 대한 느낌이 각기 다르다. 그냥 바라만 봐도 기분 좋은 사람이 있고 함께 있으면 힘이 나는 사람이 있으며, 주는 것 없이 미운 사람도 있다. 성인군자가 아니고서야 미워하고 싫어하는 사람이 있는 것은 당연한 일이다.

업무력이 뛰어나다는 것은 자기에게 주어진 일만 열심히 하는 걸 의미하지 않는다. 그 일로 인해 얽힌 사람들과의 원만한 인간관계를 유지하고 발전시키는 능력까지를 말한다. **사람 사이에는 갈등이 있다는 사실을 먼저 인정하는 게 우선이다.** 그런 후에 그것을 해결하기 위해 적극적으로 나서야 한다. 평생 안 보고 살 사람이라면 몰라도 그런 사람이 아니라면 먼저 다가가야 한다. 또한 시간이 지나면 해결될 거라 믿고 피해버린다면 곤란하다. 한번 어긋난 인간관계는 당사자들 스스로 풀지 않는 이상은 결코 해결되지 않는다. 그리고 원수는 외나무다리에서 만난다는 말처럼 언젠가는 다시 만나게 될 것이다. 그러니 서로에 대한 미움이나 오해가 있으면 반드시 풀어야 한다. 서로 부대끼며 살아가는 게 삶이기에 그렇다.

Chapter 15

공통점을 찾아내
벽을 무너뜨려라

유유상종이라고 했던가? 같은 취미, 같은 가치관, 같은 취향, 같은 고향, 같은 목표, 같은 고민, 같은 경험 등 함께 공유하고 공감할 수 있는 것에 사람들은 더욱 친밀감을 느낀다. 그래서 끼리끼리 모이게 되는 것이다.

상대방의 경계나 적대감이 강하다고 해서 피할 생각만 하지 말고 서로 공감할 수 있는 공통점을 찾아라. 인맥이든 직종이든 취미든 찾다 보면 하나 정도는 반드시 찾아낼 수 있을 것이다. **공통점으로 대화를 풀어가라.** 그러면 공감대가 형성되고 서로 좋지 않았던 감정도 어느새 호감으로 바뀌고 심지어 매력까지 느끼게 될 수도 있다.

공감을 이끌어내는 달인 중에 한 명이 방송인 김제동이다. 행사를 다닐 때 그는 청중의 공감을 끌어내기 위해 먼저 사전 준비를 한다고 한다. 행사에 참석하는 사람이 간호사라고 한다면 그는 간단한 용어를 미리 습득해 "BP blood pressure 올라가네요"라고 표현을 하는가 하면 광고기획자 모임에 가면 "PPL products in placement 이 여기저기 보이네요" 등의 표현을 사용한다. 공통된 주제나 언어를 통해 그는 참석자들과 금세 하나가 된다.

대하기 거북한 상사나 동료 또는 친구를 우호적인 관계로 만들려거든 우선 공통점을 찾아내라. 공통점을 내세워 대화를 풀어간다면 상대방은 곧 당신에게 흥미를 느낄 것이고 머지않아 마음의 벽도 허물 것이다.

철강왕 카네기도 공감이라는 코드를 통해 사업에 성공한 바 있다.

카네기가 제강소를 설립했다. 제강소 이름을 뭐로 지을까, 몇 날 며칠을 고민에 빠졌다. 그런 카네기를 보고 한 직원이 말했다.

"사장님, 회사 이름 가지고 왜 그렇게 오랫동안 고민하세요? 멋진 이름이 떠오르지 않으세요?"

"단지 멋진 이름을 지으려고 이렇게 고심하는 게 아니야. 우리가 만든 철을 팔 궁리를 하는 걸세."

잠시 뒤 카네기는 좋은 생각이 떠올랐는지 기뻐하며 말했다.

"그래, 바로 그거야! 우리 회사의 이름을 '에드거 톰슨'이라고 지어야겠어."

직원은 고개를 갸웃거렸다.

"사장님, 그건 사람 이름 같은데 왜 굳이 그 이름을……."

카네기는 미소 지으며 직원에게 설명했다.

"펜실베이니아 철도 회사에 우리 회사에서 생산되는 철을 팔아야 해. 그게 우리 회사가 살길이야. 펜실베이니아 철도 회사의 사장 이름이 바로 에드거 톰슨이야. 그래서 우리 회사 이름을 그렇게 지은 거야. 분명 이름 덕을 볼 수 있을 거야. 나는 확신하네."

카네기의 예상은 적중했다. 철도 회사 사장은 자기 이름과 같은 제강소 회사가 있다는 것에 반가워했고, 결국 카네기가 만든 철을 구입하기로 했다. 그걸 발판으로 카네기는 성공 가도를 달려 결국 '철강왕'이라는 별명을 얻으며 세계적인 대부호가 될 수 있었다.

Chapter 16

윈윈 파트너 winwin-partner 를
구해라

전국 각지를 돌아다니며 빵을 파는 빵장수와 이불을 파는 이불장수
가 있었다. 두 사람은 고집도 세고 자존심도 강했다. 그래서 그 둘은
아무리 힘들거나 위험한 상황에 빠져도 웬만하면 혼자서 해결하려고
하지 절대 남에게 도움을 청하는 법이 없었다.

그러던 어느 추운 겨울날, 둘은 산길을 가다가 길을 잃고 말았다.
이미 밤은 깊었고 또한 마을의 불빛도 보이지 않았다. 꼼짝없이 산속
에서 밤을 지내야 했다. 그런데 설상가상으로 강한 바람과 함께 눈까
지 내리는 것이었다.

이불장수는 황급히 이불 하나를 꺼내 덮었다. 빵장수는 이불장수
에게 이불 한 장 달라고 말하고 싶었지만 그냥 꾹 참았다. 먼저 도움

을 청하고 싶지 않았던 것이다.

빵장수는 허기를 달랠 겸 빵 하나를 먹었다. 이불장수는 빵장수에게 빵 하나 달라고 말하고 싶었지만 그냥 꾹 참았다. 역시 이불장수도 먼저 도움을 청하고 싶지 않았다.

시간이 지날수록 둘은 고통스러웠다. 빵장수는 추위를 견딜 수 없었고 이불장수는 배고픔을 견딜 수 없었다. 그러나 둘은 여전히 상대에게 도움을 청하지 않았다.

밤은 점점 깊어갔고 어느새 아침 해가 떠올랐다. 그런데 끔찍한 상황이 벌어지고 말았다. 두 사람은 숨을 쉬지 않았다. 빵장수는 얼어죽고 이불장수는 굶어 죽은 것이다.

사람들은 남에게 도움을 청하는 것을 많이 주저한다. 그 이유는 자기 스스로 실패나 한계를 인정하는 꼴이 되기 때문이다. 더군다나 좋지 않은 상황을 상세히 알려야 하고 또한 자신을 낮춰야 하기 때문에 자존심에 큰 손상을 입는다고 생각한다. 그래서 사람들은 도움을 청하기보다는 혼자서 문제를 해결하려고 애쓴다. 물론 혼자서 해결할 수 있다면 다행이지만 그렇지 않고 도저히 혼자서 해결할 수 없다면 그로 인한 스트레스는 이만저만이 아닐 것이다. 자칫 마음의 병이 생겨 더 좋지 않은 상황을 초래할 수도 있다. 그러니 자존심 따위 상관하지 말고 다른 사람의 손길이 필요하다면 당당하게 도움을 청해라. **혼자서 아무리 궁리해도 답이 나오지 않는다면 다른 사람의 조언을 구해라.** 다른 사람에게 도움을 청하는 것도 일종의 용기다. 나보다 지위가 낮은 사람이면 어떻고 나이가 적은 사람이면 어떤가. 손을 내밀어라. 속에 있는 마음을 털어놓아라. 혼자서 성공한 사람은 아무도 없다.

위기에 처하거나 한계에 도달했다는 것은 어쩌면 더 좋은 기회일 수도 있다. 현재의 나를 점검하고 과거의 나를 되돌아볼 수 있는 시간을 얻었다는 것이며 새로운 변화를 맞이할 수 있다는 것이다. 또한 새로운 조력자를 얻을 수 있는 기회이기도 하다.

세상에는 나보다 더 지혜로운 사람도 많고 더 풍부한 경험을 가진 사람도 많고 더 능력이 뛰어난 사람도 많다. 그런 사람들을 자신의 멘토나 파트너로 맞이해서 또 다른 삶으로의 전환을 꾀한다면 좋지 않겠는가.

카네기연구소를 설립해 인간 경영과 자기 계발 분야에서 최고의 컨설턴트가 된 데일 카네기(Dale Carnegie : 1888~1955)는 "자수성가한 사람이란 있을 수 없다"라고 말했다.

다시 말해서 인간은 혼자의 힘으로는 도저히 성공할 수 없다는 말이다. 인간은 불완전한 존재다. 그러하기에 완벽한 사람이 되기 위해 자신의 부족함을 다른 사람으로부터 보충해야 한다. 인생의 성공에 있어서 조력자나 파트너를 만나는 것은 중요하다.

🏅 비틀즈와 브라이언 엡스타인

1960년대 문화적 혁명을 야기했으며 오늘날까지 전설적인 록 밴드로 일컬어지고 있는 비틀즈Beatles. 비틀즈는 그들 스스로의 힘으로만 성공과 신화를 만들어낸 게 아니다. 비틀즈 뒤에는 그들의 스타성을 발견해주고 그들을 세계적인 스타로 키워준 조력자이며 파트너가 있었다.

비틀즈는 처음엔 영국 리버풀 클럽가의 떠돌이 밴드에 불과했다. 음악에 대한 열정은 있었으나 비전은 그다지 없었다.

그러던 어느 날 한 남자가 비틀즈를 만나기 위해 클럽에 들렀다. 그리고 그는 잠시 비틀즈의 공연을 지켜보았다. 그러나 그는 비틀즈의 공연을 보며 크게 실망했다. 그 이유는 비틀즈에게 전혀 프로다운 모습이 없었기 때문이다. 옷차림도 단정하지 못했고 심지어 연주 도중 담배를 피우거나 웃고 떠들며 장난까지 쳤다.

"저런 매너로 공연을 하다니!"

남자는 고개를 내저었다. 그러나 마음 한편으로는 왠지 모르게 비틀즈 멤버들의 묘한 매력에 욕심이 났다. 노래나 연주 솜씨가 훌륭했고 각 구성원들의 개성이 돋보였다.

남자는 공연을 마친 비틀즈에게 다가가 말했다.

"안녕하세요. 저는 '넴스'라는 레코드점을 경영하는 브라이언 엡스타인입니다. 당신들은 무명 록 밴드입니다. 그러나 잘 다듬으면 충분히 가능성이 있습니다. 제가 당신들의 매니저가 되고 싶습니다."

그렇게 해서 브라이언 엡스타인(Brian Epstein : 1934~1967)은 비틀즈의 매니저가 되었다. 그 후 브라이언 엡스타인은 비틀즈의 이미지 변신을 꾀했다.

"가죽옷은 이제 그만 입어. 이제부터 말끔한 양복을 입도록 해. 그리고 너희는 클럽 따위에서 노래를 부르는 삼류 밴드가 아니야. 이제부터는 생각도 솜씨도 행동도 달라져야 해. 세계 제일이라는 이름에 어울릴 만큼 노력해야 해. 너희는 세계 최고야!"

브라이언 엡스타인은 비틀즈를 새롭게 탄생시키기 위해 부단히 노력했다. 멤버도 새롭게 영입했고 대형 레코드사에서 음반을 내기 위해 백방으로 뛰어다녔다. 마침내 브라이언 엡스타인의 노력은 결실을 맺게 되었다. 비틀즈가 대형 레코드사와 음반 계약을 맺은 것이다. 출시된 음반은 불티나게 팔렸고 순식간에 그들은 스타가 되었다. 그들의 등장은 문화적인 혁명이었으며 그들은 세계 젊은이들의 우상이

된 것이다.

비틀즈에게 있어 브라이언 엡스타인은 조력자이며 등대와도 같은 인물이었다. 그가 없었다면 비틀즈는 어쩌면 그저 보잘것없는 클럽에서 인생을 마감했을지도 모른다.

🐾 워런 버핏과 찰스 멍거

워런 버핏(Warren Edward Buffett : 1930~)은 투자 회사 버크셔해서웨이를 본격적으로 운영하기에 앞서 자신을 도와줄 사람이 필요했다. 혼자의 힘으로도 가능했지만 워런 버핏은 자신의 단점을 잘 알고 있었다.

"그래, 나는 경제의 흐름을 그 누구보다도 잘 읽지. 그러나 옳고 그름을 판단하는 능력은 좀 약해. 나보다 더 똑똑하고 현명한 사람이 필요해."

워런 버핏은 자신과 함께 회사를 운영할 평생 파트너로 누가 좋을까 생각했다. 그리고 고심 끝에 한 사람을 떠올렸다. 그는 바로 찰스 멍거(Charles Munger : 1924~)였다.

워런 버핏과 마찬가지로 오마하에서 태어난 찰스 멍거는 워런 버핏의 할아버지의 식료품 가게에서 일을 한 적이 있었다. 그리고 하버

드대 로스쿨에 들어갔고 그 후 변호사 일을 했으며 1965년부터는 투자 업무에 주력하고 있었다.

워런 버핏은 찰스 멍거를 찾아갔다.

"투자 회사를 본격적으로 시작하려고 합니다. 그러나 혼자의 힘으로는 부족합니다. 저보다 뛰어난 두뇌가 필요합니다. 그래서 당신을 찾아왔습니다. 저의 파트너가 되어줄 수 있습니까?"

찰스 멍거는 미소를 지으며 말했다.

"워런 버핏, 당신을 잘 알고 있습니다. 당신은 미래 경제를 꿰뚫어 보는 탁월한 눈을 가진 사람입니다. 그런데 굳이 제가 필요할까요?"

"아닙니다. 미래 경제를 볼 수 있으면 뭐합니까? 신속한 판단력과 결단력이 부족합니다. 그러니 당신께서 그 점을 보완해주십시오. 부탁드립니다."

그렇게 해서 두 사람의 인연은 시작되었다. 이후 찰스 멍거는 본격적으로 워런 버핏과 그의 회사를 위해 일하기 시작했다. 서로의 단점을 보완한 둘은 많은 시행착오 끝에 마침내 버크셔해서웨이를 세계 최고의 투자 회사로 만들어냈다.

찰스 멍거는 한 언론과의 인터뷰에서 워런 버핏을 어떻게 생각하느냐는 질문에 이렇게 답했다.

"우리 둘의 관계는 오래된 부부와 같습니다. 함께 회사를 시작했던

초기에는 신혼부부처럼 많이 다투기도 했지만 이제는 서로의 다름을 인정하고 말이 없어도 그 속내를 다 읽을 수 있습니다. 멋지게 늙어가니 좋습니다."

워런 버핏은 자신이 한계에 도달했을 때 그것을 숨기지 않고 찰스 멍거에게 솔직히 털어놓고 도움을 청했기에 오늘의 성공을 누리게 된 건지도 모른다.

자신의 능력을 알아봐 주는 누군가가 있다는 건 참으로 행복한 일이고 인생에 있어서 최고의 기회임에 틀림없다. 그러므로 자신이 완벽하다는 생각은 금물이다. 자신의 단점이나 약점을 인지해 그것을 솔직히 밝히고 당당히 조력자나 멘토를 찾아 나서는 것이 현명한 방법이다. 설령 큰 도움을 받지 못할지라도 적어도 자신이 혼자가 아니라는 것에 대한 위로는 받을 수 있을 것이다.

Chapter 17

내 마음을 잡아줄 수 있는 친구를 사귀어라

어느 날 다윗 왕이 세공인을 불렀다.

"반지 하나를 만들고 싶다. 그 반지는 내가 전쟁에서 승리해서 기쁨을 억제하지 못할 때 마음을 차분히 가라앉게 해주고 또한 슬픔에 잠겼을 때 위로를 해줄 수 있는 반지였으면 한다. 어서 그런 반지를 만들어라."

세공인은 열심히 반지를 만들었다. 그러나 아름답기만 할 뿐 다윗 왕이 말한 그런 반지는 못 되었다. 세공인은 솔로몬 왕자를 찾아가 도움을 청했다.

솔로몬 왕자는 한참을 고민하더니 세공인에게 이렇게 말했다.

"그 반지에 문구를 하나 새기는 겁니다."

"문구요? 왕자님, 그럼 뭐라고 새기는 게 좋겠습니까?"

솔로몬 왕자는 말했다.

"이 또한 지나가리라."

세공인은 고개를 끄덕이며 반지에 그 문구를 새겨 넣었다. 세공인은 완성된 반지를 다윗 왕에게 내밀었다.

다윗 왕은 반지를 보며 흐뭇한 표정으로 고개를 끄덕였다.

"그래, 다 지나가는 거지. 기쁨도 슬픔도 지속되는 경우는 없지."

우리네 인생은 카멜레온처럼 변화무쌍하다. 기쁨이 머무는가 싶으면 어느새 슬픔이 닥친다. 슬픔에 젖어 눈물이 나오는가 싶으면 다시 또 행복이 찾아온다. 그러나 행복 역시 오래가지 않는다. 행복을 뒤덮을 만한 인생의 먹구름이 서서히 다가온다. 그러다 다시 한 줄기의 햇살이 우리의 인생을 비춘다. 생성되었다가 사라지고 사라졌다가 다시 생겨난다. 이처럼 인생은 변하기 마련이다. 그 변화 속에서 마음이 흔들릴 때 마음을 다잡고 세상을 당당히 살아갈 수 있는 힘, 그런 힘을 어디서 구해야 할까? 그건 바로 친구일 것이다. 슬픔과 기쁨 그리고 불행과 행복을 함께 나눌 그런 친구 말이다.

중국 도가의 경전인 『열자列子』의 「탕문 편湯問篇」에 '백아절현伯牙絶絃'이라는 말이 나온다. 백아가 거문고 줄을 끊어버렸다는 뜻으로 그 말의 유래는 다음과 같다.

전국 시대에 백아라는 사람이 있었다. 그는 거문고의 명인이었다. 그는 거문고를 탈 때만큼은 세상 부러울 것이 없었다. 그러나 한 가지 아쉬운 건 자신의 연주에 함께 교감을 나눌 진정한 친구가 없다는 것이었다.

그러던 어느 날 그는 산속에서 거문고를 타고 있었다. 그 거문고 소리는 널리 울려 퍼졌다. 거문고 소리에 마음을 뺏긴 종자기라는 사람이 바로 산속으로 달려왔다. 그렇게 해서 둘의 인연은 시작되었다. 백아가 거문고를 탈 때면 늘 종자기는 그의 옆에 있었다.

백아가 거문고 소리로 높은 산을 표현하고자 하면 옆에 있던 종자기는 "산이 하늘을 찌르는군" 하고 말했고 백아가 거문고 소리로 강물을 표현하고자 하면 "큰 강물이 유유히 흐르는군" 하고 말했다.

한마디로 백아와 종자기는 서로 마음이 통하는 사이였다.

그런데 갑자기 종자기가 병에 걸려 죽고 말았다. 그러자 백아는 깊은 슬픔에 잠겼다. 자신의 마음을 읽어주는 친구를 잃었기 때문이다. 결국 백아는 거문고를 부수고 줄을 끊어버렸다.

마음을 나눌 친구가 있다는 건 참으로 행복한 일이다. 그런 친구는 사막의 오아시스와도 같고 어둠 속의 등불과도 같다. 그런 친구가 곁에 있다면 슬픔도 한계도 절망도 이겨낼 힘이 생기고 또한 인생도 즐거워진다.

당신도 슬픔에 빠졌을 때, 한계에 부딪혔을 때 마음을 숨기지 않고 있는 대로 다 보이며 달려가 도움을 청할 그런 친구가 있는가? 아니면 기꺼이 당신이 그런 친구가 되어줄 수 있는가? 오늘 한번 주위를 둘러보자.

Chapter 18

잘 들어주고
고개를 끄덕여라

몸무게가 100kg에 가까운 흑인 여자가 있다. 그녀는 어린 시절을 끔찍하고 우울하게 보냈다. 그러나 지금은 자신의 이름을 내건 토크쇼에서 최고의 기량을 발휘하고 있다. 그녀의 이름은 오프라 윈프리다. 그녀가 진행하는 토크쇼 〈오프라 윈프리 쇼〉는 세계 모든 사람이 즐겨 보는 프로그램이다. 그 프로그램을 통해 그녀는 유명인이 되었고 세계적인 부자가 되었다. 그녀의 토크쇼가 사랑받는 이유는 그녀의 대화법에서 찾을 수 있다. 그녀는 토크쇼를 한 시간 남짓 진행하면서 고작 10여 분 정도 말하고 나머지 시간은 게스트에게 할애한다. 게스트와 눈을 맞추고 그의 이야기를 경청하며 고개를 끄덕이고 적절한 질문을 한다. 그런 그녀의 배려 있는 대화법은 게스트에게 만족을 주고 아울러 시청자들에게 편안함을 준다.

그녀의 대화법은 간단하다. 상대방의 마음을 얻고 공감을 끌어내는 대화법, 바로 '1 : 2 : 3 법칙'이다. **한 번 이야기를 했으면 둘을 듣고 세 번 맞장구를 쳐준다.** 그러면 어느새 상대방은 나의 친구가 된다. 이해하고 공감하는 건 그리 어려운 일이 아니다. 상대방의 편에서 생각하고 행동하면 된다.

"아, 그렇군요", "맞습니다", "정말 그러세요?" 상대방과 대화를 나눌 때 맞장구를 쳐주자. 그럼 당신도 오프라 윈프리처럼 성공한 인생, 성공적인 인간관계를 구축할 수 있다. 아울러 누군가와 미팅이 있을 때 미리미리 상대방의 공감을 이끌어내기 위한 준비를 해두자. 그래야 대화도 자연스럽고 좋은 이미지를 심어줄 수 있다.

공감을 이끌어내는 마음 자세

1. 미리미리 상대방과 나눌 화젯거리를 준비해라

상대방을 내 편으로 만들기 위해선 둘만의 시간을 최대한 잘 활용해야 한다. 할 말이 없어 어색함과 침묵으로 둘만의 시간을 채운다면 그 관계는 다음을 보장할 수 없다. 그러므로 둘만의 시간이 예정되어 있다면 어떤 대화를 나눌지 사전에 철저히 준비해라. 일단 무난하면서도 일반적인 화젯거리로 대화를 풀어나가라. 예를 들어 날씨라든 가, TV 드라마나 뉴스 등등. 그 다음에는 상대방의 관심사에 대해 얘기를 나눠라. 물론 상대방이 무얼 좋아하는지, 요즘 상황이 어떤지에 대해선 미리 주위 사람들에게 정보를 얻는 게 좋다. 상대방이 애완견에 취미가 있는데 자꾸 축구 얘기만 한다면 상대방은 불편해할 것이며 그리 즐거워하지 않을 것이다. 그러니 상대방과 나눌 화젯거리를 미리미리 준비해라.

2. 상대에게 세심한 관심을 가져라

누구나 다 남들로부터 관심을 받고 싶어 한다. 더군다나 자기 자신도 미처 챙기지 못한 부분을 누군가가 대신 챙겨줬을 때, 그것만큼 감사하고 감동적인 일은 없다. 예를 들어 일에 파묻혀 자신의 생일을 잊거나 건강을 돌보지 못했을 때, 작은 선물이나 건강음료라도 하나 내밀어봐라. 둘의 관계는 급격히 친밀해질 것이다. 사람은 큰 선물보다 작지만 세심하고 따뜻한 정성에 마음의 문을 연다. 하찮고 사소한 것에 관심을 기울여라. 거기에 인간관계의 해법이 숨어 있다.

Chapter 19

상대방을 적당히
칭찬해줘라

한 번쯤은 미팅이나 소개팅을 해봤을 것이다. 맘에 드는 상대가 바로 눈앞에 있다고 가정해보자. 상대의 마음을 사로잡기 위해 당신은 어떤 노력을 할 것인가. 미리 준비한 유머 몇 토막을 건네거나 아니면 매너 있는 행동으로 호감을 끄는 방법도 좋을 것이다. 그러나 그것보다 훨씬 더 효과적인 방법이 있다. 그건 바로 '칭찬'이다.

칭찬이 이성의 마음을 쉽게 사로잡을 수 있다는 것은 결혼 정보 회사에서 실시한 설문 조사의 결과가 말해준다.

결혼 정보 회사 웨디안은 미혼 남녀 358명을 대상으로 "소개팅이나 맞선 자리에서 어떤 이성에게 호감을 느끼는가?"라는 질문으로 설문 조사를 했다.

조사 결과를 살펴보면 358명 중 23%에 해당하는 83명이 "나를 칭찬해주는 사람"을 꼽았다. 유머 있는 사람이나 매너 좋은 사람, 능력 있는 사람 등이 순위권에 올랐지만 단연 최고는 나를 칭찬해주는 사람이었다. **칭찬은 마음의 문을 열게 하고 사람을 행복하게 만드는 마법과도 같은 것이다.**

"피부가 아기 피부 같아요."

"정말로 젊게 사시네요."

"하여간 완벽하게 잘하신다니까."

"미소 하나는 백만 불짜리군요."

이런 칭찬을 들으면 누구나 기분이 좋아진다. 설령 그것이 뻔한 거짓말이라고 해도 듣기 좋은 건 사실이다. 때론 뻔한 거짓말이라도 해라. 하지 않는 것이 문제다.

남을 칭찬한다고 해서 자신의 자존심이 깎이는 것도 아니고 자신이 비굴해지는 것도 아니다. 칭찬은 남을 높이는 일임과 동시에 나 자신도 높아지는 것이다. 상대도 칭찬에 능한 당신을 인간관계의 기술을 터득한 사람이거나 달인이라고 생각할 것이다. 그렇기 때문에 당신을 쉽게 무시하거나 얕잡아 볼 수 없다. 삭막하고 건조한 인간관계일수록 꼭 필요한 것은 칭찬이라는 걸 잊어서는 안 된다.

사실 사람들은 대부분 칭찬에 인색하다. 칭찬은커녕 서로의 단점을 찾아내 헐뜯기 바쁘다. 어릴 때부터 남들과 비교당하며 비난이나 모욕감을 받았던 것이 몸에 배어서 그런 걸까. 어른이 되어서도 칭찬에 인색한 건 마찬가지다. 그러나 이제부터는 칭찬하는 버릇을 길러보자. 비즈니스 상대든 친구 사이든 상대에게 칭찬을 잘하는 사람은 자기의 뜻대로 모든 걸 이룰 수 있다. 칭찬은 어려운 게 아니다. 상대에게 적극적으로 관심을 가져주고 상대의 장점을 발견해주면 된다. 누구에게나 한두 가지의 장점은 있다. 여태껏 찾으려는 노력이 없었기 때문에 발견하지 못했던 것이다. 또한 막상 칭찬을 하려고 하면 왠지 쑥스러워 애써 외면한 적도 있을 것이다. 이제는 그러지 말자. 칭찬은 남을 위한 것이자 나를 아끼는 방법이기도 하다.

칭찬을 할 때 사람의 심리를 이용하면 더 효과적이다. 당신이 만일 아랫사람을 다루는 위치에 있다면 '득실효과'를 한번 이용하는 것도 괜찮을 것이다. 득실효과란 심리학에서 나오는 용어인데, 설명하자면 사람들은 불쾌감에 민감하게 반응하기 때문에 사람을 대할 때 때론 거칠 게 다루라는 것이다. 쉽게 말해서 처음부터 친절하고 칭찬만 하는 사람보다 처음에는 다소 냉정하고 비판적으로 대했던 사람이 점점 칭찬으로 돌아서면 그 사람에 대해 더 호의적으로 생각한다는 것이다.

사실 그렇다. 한 예로 불량배에게 돈을 다 뺏겨 빈털터리가 되었는데 그들 중 한 명이 갈 때 차비 하라고 동전 몇 개를 던져주면 그 불량

배가 참으로 인간적이고 고맙게 느껴지는 경우가 있다. 이게 바로 득실효과다. 아랫사람을 다룰 때 칭찬과 친절로 일관했다가는 나중에 아랫사람이 버릇없이 구는 경우도 있으니 강약을 잘 조절하는 것이 좋다.

그리고 『논어』 「선진 편先進篇」에 나오는 '과유불급過猶不及'이란 말처럼 뭐든지 과하면 곤란하다. 칭찬이 과하면 그건 아첨이 되고 만다. 칭찬은 잘하는 것을 잘한다고 인정하는 정당한 말이지만, 아첨은 상대방에게 잘 보이기 위해 못하는 것을 잘한다고 치켜세우는 것이다. 칭찬은 자신감과 용기와 사기를 북돋아주지만, 아첨은 사람의 판단력을 흐리게 하고 상황에 대한 객관성을 잃게 한다. 그러므로 마음에서 우러나오는 칭찬을 하되 아첨을 해서는 안 되고 또한 아첨에 넘어가서도 안 된다.

역사적으로도 칭찬을 통해 지혜를 발휘한 인물이 많다.

미국 남북전쟁 당시, 남군 총사령관을 맡았고 미국 역사상 굴지의 명장으로 명성을 드높인 로버트 리 장군의 이야기다.

어느 날 미국 연방 대통령 제퍼슨이 로버트 리 장군을 불렀다.

"한 사람을 지휘관으로 승진시키려고 하네. 괜찮은 사람이 있으면 추천하게."

로버트 리는 자신의 부하사관을 추천했다. 그 소식을 듣고 부하사관은 로버트 리에게 왔다.

"장군님, 왜 저를 추천하셨습니까? 사실 저는 평소 장군님을 비난했습니다. 그러니 저는 자격이 없습니다."

그러자 로버트 리는 미소 지으며 말했다.

"나도 알고 있네. 그런데도 내가 자네를 추천한 이유는 내가 자네를 어떻게 생각하느냐가 중요하지, 자네가 나를 어떻게 생각하느냐는 중요하지 않기 때문이네. 내가 잘못을 했기 때문에 자네가 날 비난하지 않았겠나. 난 자네의 장점만 보았다네."

로버트 리의 말에 부하사관은 크게 감동을 받았다. 그 일이 있은 후 부하사관은 평생을 충성을 다해 로버트 리를 보좌했다.

미국의 석유왕 록펠러도 칭찬 경영으로 유명하다.

어느 날 사업 동료 중 한 사람인 베드포드가 잘못된 결정으로 백만 달러를 손해 보게 되었다. 이 사실을 알게 된 록펠러는 마음이 좋지 않았다. 하지만 록펠러는 베드포드에게 화를 내거나 비난하지 않았다. 대신 베드포드의 어깨를 다독거리며 미소 띤 얼굴로 말했다.

"자네는 역시 탁월한 경영 능력을 가지고 있어. 나 같았으면 투자금의 전부를 다 잃었을 텐데, 자네였기에 투자금의 60% 정도는 회수

할 수 있었네. 그 실력이면 충분하네. 다음 프로젝트도 자네가 맡아 주게."

록펠러의 뜻밖의 반응에 베드포드는 놀랐다. 당연히 크게 책임을 물을 줄 알았는데 오히려 칭찬까지 들으니 어안이 벙벙했다.

사실 록펠러의 수첩에는 직원들의 장점 목록이 작성되어 있었다. 혹시라도 직원들이 실수로 회사에 손해를 끼치더라도 화내기보다는 그의 장점을 먼저 얘기해주고 앞으로 더더욱 열심히 일할 수 있도록 격려해주기 위해서였다. 그랬기 때문에 직원들은 즐겁게 일할 수 있었고 더불어 회사도 나날이 성장할 수 있었다.

또 다른 예가 있다.

소년 앙드레 지드의 학교 생활은 엉망이었다. 3주 동안 꾀병으로 결석을 하기도 하고 공부에도 소질이 없었다. 그러나 시 낭송 시간에 선생님으로부터 칭찬을 받았다. 그것을 계기로 앙드레 지드는 문학에 관심을 갖게 되어 훗날 『좁은 문』 등 위대한 작품을 남겼으며 노벨문학상의 수상자가 되기도 했다.

아인슈타인도 어릴 때 천재성이 전혀 보이지 않았다. 심지어 고등학교 때 담임선생님은 그의 생활기록부에 "이 학생은 성공할 가능성이 전혀 보이지 않음"이라고 적어놓기까지 했다. 그러나 그의 어머니는 아들을 보는 눈이 달랐다.

"너는 다른 아이와 다르다. 그렇기 때문에 성공할 수 있고 천재적인 능력을 발휘할 수 있다. 넌 분명 다르다."

어머니의 칭찬 한마디에 그의 천재성은 눈을 뜨기 시작했고 마침내 노벨물리학상을 받는 위대한 과학자가 될 수 있었다.

누구에게나 아직 발견되지 않은 능력이 있다. 그것을 발견하는 것은 당사자의 몫이지만 또한 타인의 몫이기도 하다. 당신의 칭찬 한마디에 누군가가 위대한 능력을 발휘할 수 있다면 그건 참으로 행복한 일이며 결과적으로는 당신에게도 이익이 되는 일이다.

혹여 아랫사람을 부릴 일이 있다면 못한다고, 늦다고, 어설프다고 닦달만 하지 말고 칭찬거리를 만들어 격려하고 위로하고 힘을 실어 줘라. 그러면 두 배, 세 배의 능력을 발휘해 부메랑처럼 좋은 성과로 보답할 것이다.

세계적인 경영 컨설턴트인 켄 블랜차드는 저서 『칭찬은 고래도 춤추게 한다』에서 칭찬이 얼마나 유용한가에 대해 이미 밝힌 바 있다.

범고래가 멋진 고래 쇼를 할 수 있었던 것도 모두 다 조련사의 칭찬 덕분이다. 그렇다고 무턱대고 칭찬을 해선 안 된다. 칭찬에도 기술이 있다.

🏅 칭찬의 기술

1. 구체적으로 칭찬해라

칭찬거리가 있으면 그저 "잘했어"라고만 하지 말고 "이런 점이 참 좋았어"라고 구체적으로 칭찬해라. 그러면 상대방의 기분은 훨씬 더 좋아진다.

2. 칭찬도 연습해라

남의 잘못은 잘 지적하면서 칭찬에는 참으로 인색한 사람이 있다. 그런 사람들은 마음은 있는데 말이 잘 안 나온다고 말한다. 그래서 연습이 필요하다. 남의 장점을 보면 즉각 칭찬의 말을 건네라. 칭찬도 연습하면 점점 자연스럽게 나온다.

3. 공개적으로 칭찬해라

상대방을 칭찬할 상황이 생긴다면 이왕이면 공개적으로 하는 게 좋다. 그럼 상대방은 많은 사람에게 인정받았다는 생각에 무척 행복해질 것이다. 그와 반대로 비난할 일이 있으면 개인적으로 해야 한다. 공개적으로 창피를 주는 건 피차에게 독이 된다.

Chapter 20

진심으로
닫힌 마음의 문을 열어라

예전에 SBS 방송에 〈이홍렬 쇼〉라는 프로그램이 있었다. 그 프로그램을 진행한 이홍렬은 당시를 회상하며 가장 기억에 남는 초대 손님으로 영화배우 한석규를 꼽았다. 그를 꼽은 이유는 다음과 같은 에피소드 때문이다.

녹화 전 대기실에서 한석규는 미리 대본을 꼼꼼히 점검하더니 이홍렬에게 이렇게 말했다.

"죄송한데 이 질문은 대답하기가 좀 곤란합니다. 그러니 이 질문은 안 해주셨으면 합니다."

이홍렬은 고개를 끄덕이긴 했지만 속으로 '꽤 까다로운 사람이구나' 하고 생각했다.

녹화는 순조롭게 진행되었다. 한석규는 이홍렬의 질문에 또박또박 대답을 했다. 이홍렬은 연방 미소를 지었다. 그리고 한석규가 내뱉은 단어 하나라도 놓치지 않으려고 여느 때보다 더 마음을 열고 들었다. 이홍렬의 진심이 통했던 걸까. 한석규는 곤란하다며 피했던 질문까지 꺼내며 스스로 다 얘기해주었다. 그때 이홍렬은 '진심이 담긴 경청이 그의 마음을 움직였구나' 생각했다고 한다.

스타벅스의 CEO 하워드 슐츠(Howard Schultz : 1953~)의 경영 원칙을 주목해보자. 미국 뉴욕의 빈민가에서 태어난 그가 세계 6300여 개의 매장에, 직원 7만 명을 이끄는 대기업의 회장이 될 수 있었던 건 바로 최고의 경영 원칙인 "진심으로 사람을 대해라"를 실천했기 때문이다.

그는 CEO라고 해서 책상 앞에 앉아서 지시하고 강요하는 것을 스스로 용납하지 못했다. 그래서 매일 스타벅스 매장 스물다섯 곳을 방문했다. 시간을 정해놓고 방문하는 게 아니라 불시에 가서 직원들을 만나 그들을 격려하고 또한 고객의 목소리를 귀담아들었다. 형식적인 만남이 아니라 진심으로 다가갔기에 직원들과 고객들도 그를, 스타벅스를 신뢰했다.

또 하나의 일화가 있다.

90년대 중반, 텍사스에 있는 스타벅스 매장에 끔찍한 일이 벌어졌다. 매장에 든 강도가 흉기로 매장 관리자를 살해한 것이다. 하워드 슐츠는 이 소식을 접하자마자 중대한 회의를 취소하고 비행기를 타고 곧바로 텍사스로 갔다. 그날 그는 촉촉해진 눈망울로 밤늦게까지 유가족을 위로하며 함께 슬픔을 나눴다. 그리고 텍사스 매장을 내놓고 거기서 나온 수익금 전부를 유가족에게 헌납했다.

그의 진심은 유가족에게 살아갈 수 있는 힘과 희망을 주었고 또한 직원들에게는 일체감을 주었다. 그는 진심이면 아무리 견고하게 닫힌 문도 열린다고 믿고 있다. 그의 '진심 경영'이 지금의 스타벅스를 만든 것이다.

누구나 사람들이 자기를 따랐으면 하고 바란다. 그렇게 되기 위해선 많은 노력이 필요하다. 남을 배려하고 자기 일을 즐기고 상대방의 자존감을 살려주고 외모에도 신경을 써야 한다. 그러나 이보다 더 중요한 게 있다. 바로 마음속에서 우러나오는 진심이다. 진심은 그 어떤 것보다도 값어치 있는 매력이다. **마음으로부터 시작된 호감과 감동은 쉽게 변하지 않을뿐더러 오래간다.** 당신도 진심을 담아 세상 사람들에게 다가가라. 설령 다른 매력이 없다고 해도 그것만 있으면 이미 매력적인 사람인 것이다. 진심을 보이면 분명 세상 모든 사람이 당신을 따르고 당신의 편에 서게 될 것이다.

잠재력

Chapter 21

에베레스트 산을
뛰어넘어라

한 젊은이가 길을 걸어가고 있었다. 그런데 저 앞의 거대한 벽이 길을 가로막았다. 그는 걸음을 멈추고 벽을 멍하니 바라보았다. 그의 머릿속은 복잡해졌다. 그리고 다음과 같은 세 가지 생각이 떠올랐다.

'도저히 이 벽을 넘을 수 없어. 그냥 돌아가야겠군.'

'뭔가 방법이 있을 거야. 무슨 방법이 있을까?'

'그래, 한번 해보는 거야. 이 정도쯤이야.'

만약 당신이 젊은이라면 어떤 생각을 했겠는가? 첫 번째 생각을 했다면 곤란하다. 또한 두 번째 생각도 그리 좋은 결과를 가져다주지는 않는다. 포기하고 주저하고 망설이다가는 결국 아무것도 얻지 못한다. 자신을 가로막는 외부적인 또는 내부적인 상황이 있다 해도 절대로 무너지거나 뒷걸음쳐서는 안 된다. 그건 당신 안에 숨어 있는 위대한 능력에 대한 모독이다. 그건 당신의 꿈에 대한 비겁한 회피며, 못나고 보잘것없는 과거로의 회귀다. 하고자 하는 의지가 있고 자신에 대한 확신이 있다면 분명 그 벽을 넘을 수 있다. 벽은 당신의 길을 막는 장애물이 아니라 어쩌면 더 높이 도약하기 위한 발판이며 꼭 넘어야 할 허들인 것이다. **어떤 일을 하든 그 일을 해야 하는 이유나 꼭 달성해야 할 목표치가 있어야 한다.** 이유나 목표가 없다면 그 일을 하는 의미도 없고 그래서는 성과도 좋을 리 없다. 성공하고 싶다고 말하는 사람들은 많으나 그들이 성공하지 못하는 이유는 정작 이유와 목표가 분명하지 않기 때문이다.

목표가 없는 것은 머무를 항구도 정하지 않고 그저 망망대해를 떠돌아다니는 배와 같다.

한계에 부딪혔을 때, 이유와 목표가 뚜렷한 사람에겐 다시 한 번 도전할 용기와 의지가 생기지만 이유와 목표가 없는 사람은 한계 앞에 쉽게 무너지고 재기하려는 의지마저 갖지 못한다.

플로렌스 채드윅

플로렌스 채드윅(Florence Chadwick : 1918~1995)은 여성으로서는 세

계 최초로 영국해협을 횡단한 수영 선수다. 그러나 처음부터 성공을 한 것은 아니다. 첫 번째 시도는 1952년 7월 4일에 있었다. 카타리나 섬에서 캘리포니아 해안까지의 수영에 도전했다. 그녀는 무려 열여섯 시간이나 먹지도 마시지도 않고 오직 두 팔과 두 다리만을 의지하며 헤엄을 쳤다. 초인적인 한계에 도전을 한 것이다. 그러나 목표 지점을 눈앞에 두고 결국 실패하고 말았다. 한 치 앞도 볼 수 없는 자욱한 안개 때문이었다. 얼마 남지 않은 목표 지점이 보이지 않아 더 힘을 낼 수 없었던 것이다. 두 달 뒤 그녀는 다시 도전했다. 이번 역시 안개가 자욱했다. 그러나 그녀는 똑같은 실패는 경험하고 싶지 않았다. 체온이 떨어지고 체력적 한계에 도달했지만 그녀는 멈추지 않았다. 그리고 마침내 성공을 했다. 그녀는 성공할 수 있었던 원동력을 묻는 기자들에게 이렇게 대답했다.

"이번 역시 안개 때문에 힘들었습니다. 그러나 마음의 눈으로 목표 지점을 또렷이 보았기에 끝까지 헤엄칠 수 있었습니다."

브라이언 트레이시

성공학의 대가이며 『백만 불짜리 습관』이라는 책으로 널리 알려진 브라이언 트레이시(Brian Tracy : 1944~)는 무일푼에서 백만장자가 된

전형적인 자수성가형 인물이다. 그가 성공을 거머쥘 수 있었던 요인은 뭘까? 바로 뚜렷한 목표 의식이다.

그는 고등학교도 제대로 나오지 않았으며 가난으로 인해 하루하루 힘겨운 생활을 했다. 접시 닦이, 경비원, 청소부, 화물선 선원 등 온갖 궂은일은 모두 다 경험했다. 그러다 스물세 살 때 세일즈맨이 되었다. 그러나 물건 판매도 만만치가 않았다. 하루 종일 돌아다녔지만 공치는 날이 허다했다.

"이대로는 안 되겠어!"

어느 날 그는 종이 한 장을 집어 들고 무언가를 적기 시작했다.

"매달 나는 천 달러를 벌 것이다."

목표를 정하고 나니, 삶에 활력도 생기고 의지도 강해졌다. 그리고 한 달 후, 정말 기적과도 같은 일이 생겼다. 자신이 정한 목표액을 달성한 것이다. 그는 종이에 다시 목표를 적었다.

"대학에 갈 것이다. 그리고 백만장자가 될 것이다."

목표를 정하는 순간부터 그의 삶은 달라졌다. 가슴 뛰는 삶, 적극적인 삶이 되었다. 그 어떤 장애나 한계도 극복할 수 있는 힘을 얻게 되었다. 마침내 그의 목표는 현실이 되었다. 콜롬비아 퍼시픽 대학에서 경영학 석사 학위를 취득했고, 훗날 브라이언 트레이시 인터내셔널이라는 인적 자원 회사를 설립해 백만장자가 되었다.

폴 마이어

그는 이미 27세 때 생명보험 역사상 최고의 세일즈 기록을 세우며 억만장자가 되었다. 훗날 자신의 성공 비법을 보다 많은 사람에게 알려주고자 'LMI'라는 성공 프로그램 공급 회사를 설립했다. 그 역시 자신의 성공 요인을 이렇게 말했다.

"내가 이렇게 크게 성공할 수 있었던 이유는 75%가 바로 목표 설정에 있었습니다. 뚜렷한 목표가 있다면 그것은 반드시 이루어지고 그 결과는 처음 기대했던 것 이상으로 옵니다."

그렇다. 무엇이든 막연한 생각만 갖고는 이룰 수가 없다. 목표가 분명하고 뚜렷해야 한다. 목표가 분명하면 분명할수록 담대한 추진력도 생기고 걸음걸이도 당당해진다. 그게 바로 목표의 힘이다.

Chapter 22

한계를 이겨내는
지독한 독종이 되어라

성공을 꿈꾸지만 성공을 이루는 사람들은 극히 적다. 단 3%만이 성공을 이룬다는 통계도 있다. 그렇다면 그 3%의 성공 비결은 뭘까? 그건 바로 자기 목표, 즉 비전을 확실히 수립하고 좋지 않은 최악의 순간과 만났을 때 강한 성공 의지로 그 한계 상황을 극복한다는 것이다. 물론 숨구멍을 조이며 뼈를 깎는 듯한 고통이 따를 수도 있다. 그러나 그 고통 앞에 굴복해선 안 된다. 그만한 값을 치러야만 성공을 쟁취할 수 있다. 그 어떤 것도 강한 의지를 대신하지 못한다. **강한 의지는 장애를 뚫고 모든 것을 실현하게 한다.**

한 소년이 있었다. 소년은 크리스마스에 아버지로부터 책 선물을 받았다. 표지에는 『어린이를 위한 역사 이야기』라고 적혀 있었다. 소년은 그 책에 흠뻑 빠졌다. 그 책을 거의 외우다시피 늘 끼고 살았다. 그리고 어느 날 소년은 가슴 깊이 꿈 하나를 품게 되었다. 그 꿈은 다름 아닌 책 속에서 신화로만 존재하는 트로이 성城을 반드시 찾아내겠다는 것이었다.

세월이 흘러 소년은 어른이 되었다. 그는 자신의 꿈을 이루기 위해 본격적으로 행동 개시를 했다. 고고학 지식 습득을 위해 일단 외국어 공부에 열중했다. 영어, 프랑스어, 네덜란드어, 스페인어, 이탈리아어, 러시아어 등 무려 15개국의 언어를 배웠다. 그리고 이곳저곳을 돌아다니며 발굴 작업을 시작했다. 고고학자들은 그를 미치광이로 취급했다. 트로이 성은 전설 속에나 있는 것이지 현실에는 존재하지 않는다는 이유에서였다. 그러나 그의 의지는 누구도 꺾을 수 없었다. 그리고 마침내 그는 터키의 히사를리크 언덕에서 트로이 성 유적 발굴에 성공했다. 꿈을 향해 돌진했던 강한 의지의 소유자인 그가 바로 하인리히 슐리만(Heinrich Schliemann : 1822~1890)이다.

강한 의지를 말하는 데 빼놓을 수 없는 위대한 인물이 또 한 명 있다. 랜스 암스트롱(Lance Armstrong : 1971~)이다.

그는 사이클 선수이기도 하지만 고환암을 앓고 있는 환자이기도 했다. 그는 어린 시절부터 몸이 허약해서 건강한 몸을 만들기 위해 철인 3종 경기를 시작했다. 그러는 중에 특히 사이클에서 두각을 보였고 마침내 스물두 살에 세계선수권대회에서 우승을 하면서 주목을 받았다. 그러나 그에게 크나큰 시련이 닥쳤다. 스물다섯 살이 되던 해에 고환암 진단을 받은 것이다. 병은 예상보다 훨씬 더 심각해 암세포가 폐와 뇌까지 전이된 상태였다. 주위 사람들은 그가 죽을 거라고 생각했다. 그러나 그의 생각은 달랐다. 살고자 하는 의지만 있다면 그어떤 병도 이길 수 있다고 스스로에게 강력하게 주문을 외웠다. 그는 수술과 항암 치료를 반복하면서 서서히 건강을 되찾았다. 그리고 사이클을 다시 시작했다. 괜히 무리했다가 병이 재발될 수도 있고 또 이런 몸 상태로는 선수 생활이 불가능하다며 주위에서는 다들 말렸다. 그러나 그는 자신의 한계에 도전하고 싶었다. 그래서 '투르 드 프랑스' 사이클 대회에 출전했다. 그 대회는 프랑스 전역 3604km를 23일간 일주하는 지옥의 레이스였다. 마침내 그는 2005년 대회에서 우승을 했다. 그리고 이 대회에서 7연패를 성공한 최초의 사람이 되었다.

성공한 사람이나 영웅들을 보면 영영 오르지 못할 거대한 산처럼 보일 것이다. 그러나 그 사람들도 따지고 보면 지극히 평범한 사람들이다. 다만 우리와 차이가 있다면 조금 더 견딘다는 것이다. 대단한 용기가 아니다. 단지 남보다 5분 더 버티고 견디는 힘을 지속하는 것뿐이다. 그 짧은 5분이라는 시간은 어쩌면 그 사람의 운명을 바꿔놓을 수도 있다. 한계 앞에서 5분 더 버티고 5분 더 태연한 마음으로 맞서며 5분 더 웃을 수 있는 마음가짐을 갖는다면 분명 당신도 진정한 승리자가 될 수 있다.

미국 대통령 캘빈 쿨리지(John Calvin Coolidge : 1872~1933)도 대통령직을 수행하면서 늘 아랫사람들에게 의지가 얼마나 중요한지를 강조했다.

"세상의 어떤 것도 강한 의지를 대신할 수 없습니다. 사람은 재능만으론 성공할 수 없습니다. 성공하지 못한 사람들이 공통적으로 갖고 있는 것 중 하나가 바로 재능에 대한 절대적인 믿음입니다. 천재성만으로도 안 됩니다. 천재이면서도 평범한 삶을 사는 사람은 어디에나 있습니다. 천재성을 뛰어넘어 위대한 성공을 이루기 위해선 끈기 있는 노력과 강한 의지가 있어야 합니다. 그건 모든 것을 다 이루어낼 수 있는 전능한 힘을 가집니다."

성공이라는 것이 많은 부를 이루고, 고도의 학식을 쌓고, 막강한 권력을 갖는 것을 의미하는 게 아니다. 진정한 성공이란 바로 자신의 한계를 극복하고 새로운 나로 도약하는 마음가짐이 아니겠는가.

Chapter 23

자신에게도 아우라가 있다는 걸 알아라

유혹이라고 하면 일단 긍정적인 측면보다는 부정적인 측면을 먼저 떠올리게 된다. 목적을 위해 물불 안 가리고 남을 속이거나 아니면 미끼를 던져 남의 마음을 흔들어놓는 것이라고, 대부분의 사람들이 유혹을 그렇게 정의하고 있다. 특히 남녀 관계에서 이성의 마음을 사로잡기 위한 도구로 한정 지어 생각하는 경향도 있다. 그러나 유혹은 그보다 훨씬 더 광의적인 의미를 가진다. 예를 들어 한 비즈니스맨이 자기 회사의 물건을 소비자에게 팔기 위해 제품 설명을 하고 제품에 대한 장점을 논리적으로 말하여 소비자로 하여금 그 제품을 구매하게 한다면 그것 또한 유혹이라고 말할 수 있다.

로버트 그린이 지은 『유혹의 기술』이라는 책에 이런 대목이 나온다.

성격을 갑작스레 바꾼다고 해서, 또는 외모를 몽땅 뜯어고쳐 미남, 미녀가 된다고 해서 유혹의 힘을 갖게 되는 것은 아니다. 사실 유혹의 힘은 객관적인 아름다움에서 나온다기보다는 심리 게임을 펼쳐나가는 능력에 달려 있다. 누구든지 그 게임에 정통하기만 하면 유혹의 힘을 가질 수 있다. 바꾸어 말해 세상을 다르게, 즉 유혹자의 눈으로 보면 된다. 유혹자에게는 유혹하고 싶은 상황과 유혹하고 싶지 않은 상황이 따로 존재하지 않는다. 유혹자는 모든 사회관계와 인간관계에서 유혹의 힘을 발휘한다. (중략) 유혹은 일종의 침투 과정이다. 유혹자는 먼저 목표로 삼은 사람의 마음을 공략한다. 일단 마음을 빼앗긴 사람은 유혹자를 매력 있는 존재로 생각하고 온갖 공상에 잠긴다. 결국 그 사람은 마음의 빗장을 풀고 굴복하게 된다. 유혹자는 즉석에서 상대방을 공략하려 들지도 않지만, 그렇다고 모든 일을 우연에 맡기지도 않는다. 마치 유능한 장수처럼, 유혹자는 계획과 전략을 세우고 목표물의 약점을 파악해 공격을 시도한다.

다시 말해서 유혹은 단순히 남의 마음을 흔들어놓는 것이 아니라 상대를 내 편으로 만드는 것이고 또한 치열한 경쟁 사회에서 살아남을 수 있는 고도의 심리전이며 생존 전략인 것이다. 당신에게는 그런 유혹의 기술이 있는가?

남을 유혹하기 위해선 일단 남을 유혹할 만한 당신만의 무기가 있어야 한다. 무턱대고 덤볐다가는 되레 상대에게 유혹을 당할 수 있고 또한 자기가 빈틈이 많은 어수룩한 사람이라는 것을 알리는 꼴이 되고 만다. 그러니 자기만의 매력을 준비한 다음에 목표를 향해 달려가야 한다.

문득 이런 생각이 들 것이다.

'과연 나에게도 남을 유혹할 만한 매력이 있을까.'

괜히 당신의 능력을 의심하거나 낮추지 마라. '아우라aura'라는 것이 있다.

아우라란 독일의 철학가 발터 베냐민(Walter Benjamin : 1892~1940)의 예술 이론으로, 예술 작품에서 흉내 낼 수 없는, 은근히 뿜어져 나오는 고고하고 독특한 매력이나 분위기를 말한다. 꽃에 비유하자면 향기 같은 것이다. 아우라가 예술 작품에만 있는 걸까? 그렇지 않다. 사람에게도 제각각의 향기가 있고 분위기가 있다. 세계 약 65억 인구 중에서 똑같은 사람은 존재하지 않는다. 쌍둥이라도 비슷하긴 하나 분명 다르다. 그렇기에 분명 남들과 차별된 자기만의 외모나 성격, 그리고 분위기가 있는 것이다. 왜 나는 나만의 매력이 없을까, 고민하지 마라. 사람은 모두 다 남과 다른 매력을 타고난다. 물론 **당신에게도 당신만의 아우라가 존재한다.**

Chapter 24

열정적인 땀으로
매혹시켜라

매력적인 사람의 유형

1. 카리스마형

사람들은 시대가 어렵고 혼란할수록 카리스마 있는 리더에 열광한다. 누군가가 나타나 구세주처럼 모든 어려움을 해결해주고 장밋빛 미래를 제시해주길 바란다. 좀 냉정하고 냉혹하다는 단점이 있을지라도 강력한 추진력을 갖추고 있으면 그것만으로 충분히 매력적으로 보인다. 카리스마형 리더로 꼽히는 한 사람이 바로 잭 웰치(Jack Welch : 1935~)다. 그는 21년 간 GE General Electronics를 이끌면서 과감한 구조조정과 합병으로 회사의 순익을 40배나 높인 신화적인 인물이다. 물론 구조조정으로 인한 아픔도 있었지만 여하튼 그의 카리스마적 리더십은 매력을 뛰어넘어 가히 존경할 만하다.

2. 나쁜 남자, 나쁜 여자형

여자 입장에서 볼 때, 자기에게 잘해주는 남성에게 끌리기도 하지만 때론 자기에게 거칠고 무관심한 남성에게도 끌리기 마련이다. 일명 '옴므 파탈Homme Fatale'이 그렇다. 위험하고 과격한 이미지를 가졌기에 쉽게 접근할 수 없는, 그래서 더더욱 호기심을 자극하는 그런 남자에게 묘한 동경 내지 호감이 간다. 남자의 경우도 마찬가지다. 순한 양처럼 온순한 여성을 좋아하기도 하지만 그와는 반대로 '팜므 파탈 Femme Fatale'처럼 과감하고 섬뜩한 매력과 강인한 흡인력이 있는 여자에게 끌리기도 한다.

3. 예스(yes)형

세상의 모든 일을 긍정적으로 바라보는 사람이다. 아무리 어렵고 힘든 일이 닥친다 해도 오뚝이처럼 다시 일어나 세상의 중심을 향해 다시 당당히 걷는 사람. 그런 사람들을 면밀히 관찰해보면 오고 가는 대화 속에서 부정적인 내용은 없음을 알게 된다. "그래, 좋아질 거야!", "난 할 수 있어!", "이 정도는 아무것도 아니야!" 매사에 긍정적이다. 그런 사람을 가까이하면 덩달아 신이 나고 힘이 솟는다.

4. 소파(sofa)형

부담 없이 언제나 편안하게 마음속 이야기를 나눌 수 있는 사람이다. 강직하거나 카리스마적인 느낌은 없지만 겨울 함박눈 같은 포근함과 시골 풍경 같은 정겨움이 물씬 넘쳐난다. 함께 대화를 하다 보면 어느새 일과 사람 관계로 받았던 스트레스도 말끔히 사라진다. 평생을 가까이 두고 지내고 싶은 벗과 같은 존재다.

네 가지 유형 중에서 당신은 어느 유형에 속하는지 한번 점검하기 바란다. 만약 네 가지 유형에 속하지 않는다고 해도 실망할 필요는 없다. 사람의 성격이 각기 다르듯 당신의 매력을 이 네 가지의 유형에 담을 수 없을 뿐이다. 당신에게는 가장 강력한 무기, 바로 '땀'이 있다.

무언가에 열중하는 사람을 본 적이 있는가? 땀을 뻘뻘 흘리며 테니스를 치는 사람, 온 정신을 집중해서 항공모함 프라모델을 조립하는 사람, 마음을 담아 멋진 풍경을 스케치하는 사람, 이마에 머리띠를 동여매고 공부하는 사람. 그런 사람들을 보면 참으로 아름답다. 또한 이성이라면 매력을 느끼기에 충분할 것이다.

어떤 일에 열중한다는 것은 목표가 있고 그것을 이루겠다는 의지도 있다는 것이다. 열중하면 아무리 힘들고 복잡한 일이라도 뜻한 바를 이룰 수 있다. 중요한 것은 마음에서 우러나야 한다는 것이다. 남이 시켜서 억지로, 이득을 내기 위해서 어쩔 수 없이 열중한다면 그건 남이 어떻게 보느냐를 떠나서 본인 스스로가 행복하지 않고 만족스럽지 못할 것이다. 그러니 어떤 일을 할 때, 열중하는 것도 중요하지만 그보다는 그 일을 즐겁게 하는 마음가짐을 가져야 한다. **일을 즐기는 자는 열심히 하는 자를 능가한다.**

『논어』에 이런 말이 나온다.

"지지자知之者는 불여호지자不如好之者요, 호지자好之者는 불여락지자不如樂之者니라."

이 말의 뜻은 "알기만 하는 사람은 좋아하는 사람만 못하고 좋아하는 사람은 즐기는 사람만 못하다"이다. 즉, 매사에 즐기면서 임한다면 훨씬 더 좋은 성과를 얻을 수 있다는 뜻이다. 사실 승부에 집착해 꼭 이기려고만 하면 긴장이 되어 자칫 실수를 저지를 수가 있다. 그러나 즐기는 자는 정신적으로 편안한 상태이기 때문에 실수도 줄일 수 있고 더 큰 능력을 발휘할 수도 있다. 마음의 여유로움 속에서 진정한 실력이 나오고, 또한 그런 모습이 더더욱 매력적으로 보일 것이다.

Chapter 25

아침마다 큰 소리로
목표를 외쳐라

아침을 어떻게 시작하느냐에 따라 하루가 달라진다. 우울하고 침체된 기분으로 아침을 시작한다고 치자. 출근길 지하철에서 옆 사람의 어깨가 닿기만 해도 쉽게 짜증이 나고, 누군가의 작은 실수에도 버럭 화를 내게 된다. 일하는 것도 귀찮고 누가 말을 걸어도 성가시다. 아침 기분이 하루 종일 이어지기 때문이다.

반대로 기분 좋게 아침을 시작하면 어떨까? 일단 몸이 개운하다. 생동감이 넘친다. 밥맛도 좋고 출근길 발걸음이 가볍고 절로 휘파람이 나온다. 여유가 생기고 일이든 사람과의 관계든 자신감이 넘친다. **기분 좋게 아침을 출발하면 하루 종일 즐겁다.** 하루가 즐거우면 한 달이 즐겁고 한 달이 즐거우면 1년이 즐겁고 1년이 즐거우면 평생이 즐겁게 된다. 따라서 오늘 아침을 어떻게 시작하느냐가 남은 인생을 결정한다고 봐도 큰 무리는 없다.

그렇다면 아침을 기분 좋게 시작하는 방법은 뭘까? 바로 이루고 싶은 '꿈'을 큰 소리로 외치는 것이다. 목표는 그 사람을 적극적이고 의욕적으로 만든다. 꿈은 열심히 살아야겠다는 동기를 부여해줄 뿐만 아니라 희망까지 준다.

"아침마다 목표를 외친다고 그게 이루어지나!"

이렇게 투덜거리는 사람이 분명 있을 것이다. 물론 말한다고 기적처럼 다 이루어지는 것은 아니다. 그러나 최소한 지금보다는 더 나은 인생이 펼쳐질 것이다. 아울러 꿈과 점점 근접해가는 자신을 발견할 수 있을 것이다.

칠레의 생물학자인 움베르토 마투라나는 '의식적인 말의 힘'에 대해 강조했다. 그는 인간이 언어를 만들었다고 해서 인간이 언어를 통제하는 게 아니라, 그와 정반대로 언어가 인간을 통제하고 변화시킨다고 주장했다. 언어가 정신을 지배하고 행동까지 일으킨다는 것, 다시 말해서 말하는 대로 이루어진다는 것이다.

아침마다 "나는 반드시 꿈을 이루리라!" 하고 외친다면 분명 그 언어가 뇌세포에 각인될 것이고 가슴 깊은 곳에서부터 강한 자신감이 샘솟을 것이다. 그리고 말을 자꾸 하다 보면 행동이 유발되기도 한다.

말하는 대로 인생이 진행된다. 당신의 입버릇이 곧 당신의 미래다.

내일 아침, 당신은 어떻게 시작할 것인가?

"피곤해 죽겠네", "정말로 가기 싫다", "어휴, 짜증 나" 이렇게 시작한다면 당신의 미래는 마이너스 인생이 될 것이다. 그와 반대로 벽에 붙여놓은 꿈을 큰 소리로 열 번을 외치며 하루를 활기차게 시작한다면 그날부터 이미 당신은 꿈을 이룬 사람처럼 행복할 것이고 정말로 그 꿈은 머지않아 성취될 것이다.

Chapter 26

꾸물거리지 말고
오전에 승부를 봐라

누구나 인생을 즐기면서 살고 싶어 한다. 여름이면 푸른 해변에서 수영을 하고, 겨울이면 스키를 타고, 가고 싶은 나라가 있으면 배낭을 꾸리고, 친구들과 수다 떨며 술 한잔씩 하며 여유롭게 지내는 삶, 얼마나 행복한가. 그러나 현실은 그것을 용납하지 않는다.

현실은 늘 바쁘고 업무량은 많다. 먹고 살려면 일을 해야 하는 건 당연하다. 일로부터 자유로울 순 없다. 그렇다고 일의 노예가 될 것인가. 일은 하되 최대한 효율적으로 하면서 스트레스는 최소로 해야 한다. 그렇다면 효율적으로 일하면서 마음의 여유까지 얻을 수 있는 방법은 뭘까? 바로 '10·70의 법칙'이다. 오전 10시까지 그날 해야 할 일의 70%를 끝내는 것이다. "어떻게 10시까지 일을 끝낼 수 있어. 물리적으로 시간이 너무나 부족해"라고 말하는 사람이 있을 것이다. 물론 10시까지 많은 일을 처리하기엔 다소 무리가 있다.

그러나 몇 해 전에 출간된 의사이자 컨설턴트인 사이쇼 히로시의 『아침형 인간』이라는 책에 의하면 10시까지 일의 70%를 끝내는 게 불가능한 일만은 아니다.

최적의 숙면 시간은 밤 11시부터 새벽 5시까지다. 이 시간에 잠을 자면 여섯 시간으로 여덟 시간을 잔 효과를 볼 수 있다. 5시에 하루를 시작하면 최소 세 시간은 벌 수 있다. 시간을 더 벌기 위해선 일찍 출근을 해라. 러시아워를 피해 출근하면 길에서 시간을 낭비하는 일이 없게 된다. 그리고 아직 사람들이 출근 전이라 회사는 조용하다. 일하는 데는 최적의 분위기다. 오전 10시까지가 집중력과 판단력이 가장 높은데, 낮 시간의 무려 세 배나 된다.

아침형 인간이 되기 위해선 기존의 생활 패턴을 고쳐야 한다. 늦은 밤까지 상습적으로 음주를 하다든지 게임을 하는 건 삼가야 한다. 저녁때 제대로 쉬지 않으면 그다음 날 지장이 있다. 그리고 될 수 있는 한 아침 식사를 걸러선 안 된다. 머리를 쓰는 일을 하는 사람은 뇌 활성화를 위해 아침 식사를 통해 뇌에 영양을 공급해야 한다. 그래야 집중력과 판단력이 향상된다. 또한 육체적인 일을 하는 사람도 마찬가지다. 배가 든든해야 힘을 쓸 수 있다.

실제로 한 조사 기관에서 직장인 2036명을 대상으로 "하루 중 집중이 가장 잘되는 시간대(복수 선택)"에 관한 설문 조사를 했다. 그 결과 "오전 10시~오전 11시(62%)"가 가장 많았고, 그다음으로는 "오전 11시~오전 12시(46.7%)", "오전 9시~오전 10시(25.3%)", "오후 3시~오후 4시(20.1%)" 순으로 나타났다. **오전에 가장 업무 능력이 뛰어남을 알 수 있다.**

당신도 아침형 인간에 도전해라. 그래서 가급적이면 오전에 집중해서 일을 끝내놓아라. 미루거나 게으름을 피우지 않는다면 충분히 가능하다. 오전에 일을 끝내놓으면 여러모로 좋다. 일단 마음에 여유가 생기고 다시 한 번 점검할 시간도 벌고 편안하게 오후를 맞이할 수 있다. 남은 시간에는 책을 읽을 수 있고 다음 일을 계획하거나 생각할 수 있으며 자기 발전의 시간을 가질 수도 있다.

오전에 일 끝내기가 습관화가 된다면 이번에는 '월요일, 화요일에 일 끝내기'에 도전해봐라. 일주일 치의 일을 월, 화에 끝내놓으면 수요일 이후는 여유롭고 야근하는 일도 없을 것이다.

Chapter 27

시간을 맞추는 것보다
완벽을 선택해라

어느 회사의 일상을 들여다보자.

1팀장이 한 팀원의 책상 옆에 서서 이 대리를 재촉한다.

"빨리빨리 좀 해. 사장님께 보고할 시간 다 됐단 말이야."

"거의 다 했어요."

팀장은 시계를 쳐다보면서 계속해서 이 대리를 달달 볶는다. 이 대리는 부랴부랴 마무리를 짓는다.

"여기 있습니다."

"그래, 수고했어. 이 보고서, 문제는 없겠지?"

"……예."

그러나 급하게 먹는 떡이 체하기 마련이다.

30여 분 뒤, 팀장은 잔뜩 인상을 구긴 채 되돌아온다. 그러고는 보고서를 이 대리의 책상 위에 세게 내던진다.

"이 대리, 도대체 이게 뭐야! 첫 장부터 오타투성이잖아! 그리고 매출 금액도 0이 하나씩 다 빠졌잖아!"

이 대리는 머리를 긁적거리며 짧은 한숨만 내쉰다.

이 대리는 이 대리 나름대로 억울하다. 팀장이 재촉만 하지 않았어도 실수하지 않았을 텐데. 그리고 팀장도 나름대로 억울하다. 이 대리가 조금만 더 완벽하게 보고서를 작성해줬다면 사장에게 혼나진 않았을 텐데. 그러나 전혀 억울해할 일이 아니다. 잘못을 했다고 인정을 하고 스스로 책임을 져야 한다. 그게 바로 회사의 속성이다.

만약 당신이 한 회사의 오너라고 해보자. 신제품 판매를 위한 기획안을 보고받는 자리다. 1팀장의 기획서를 펼쳐보았는데 첫 장부터 오타가 있다. 다음 장을 읽을 맛이 나겠는가. 김이 팍 새고 만다. 그리고 이런 생각이 들 것이다.

"보고서 하나 제대로 못 쓰는 사람이 어떻게 신제품을 판매하겠어!"

보고서의 오타 하나로 인해 1팀장의 업무력은 크게 실추된다. 뒷장에 아무리 훌륭한 판매 전략이 있다고 해도 이미 떨어진 신뢰는 쉽게 회복되지 않는다.

이런 일은 누구나 겪을 수 있는 일이다. 당신도 시간에 쫓겨 일을 대충대충 마무리 지은 적이 있을 것이다. 그때, 결과는 어떠했는가? 첫 단추를 잘못 꿰면 모든 것이 다 흐트러진다. 결국 욕은 욕대로 먹고 처음부터 다시 해야 한다. 오히려 시간은 더 걸리게 되는 셈이다. 한 계단, 한 계단 올라가야 무리가 없고 사고가 없지 급하다고 서너 계단씩 오르다간 발목을 삐기 십상이다. 조금 시간이 늦어 혼나더라도 차라리 완벽하게 일 처리를 하는 게 낫다. 그래야 인정을 받고 다음번에 더 큰일이 주어진다.

일에 있어서는 꼼꼼하고 완벽하고 지독한 프로가 되어야 한다. 완벽하게 자기에게 주어진 일을 소화해내는 사람이 있다. 바로 배우 김명민이다. 그는 영화 〈내 사랑 내 곁에〉에서 루게릭병 환자 역을 맡았다. 그 배역에 몰입하기 위해 그는 무려 20kg이 넘게 체중을 감량했다. 앙상한 갈비뼈를 드러낸 그의 모습이야말로 완벽한 프로의 모습이었다. 영화가 흥행을 하든 못 하든 그것과는 상관없이 대중들은 그를 진정한 배우라고 생각한다.

당신도 자기에게 주어진 일에 대해 몰입하고 집중하여 완벽하게 마무리 짓기 바란다. 그러면 누군가는 당신을 인정할 것이고 당신에 대한 신뢰는 점점 쌓여갈 것이다. 그러나 주의해야 할 점이 있다. 뭐든 완벽하게 한다는 의미의 완벽주의는 좋으나, 도저히 자력으로는 완벽한 상태를 만들 수 없을 때 강한 스트레스를 받는 강박 증세로까지 발전해선 안 되겠다.

Chapter 28

메모를
습관화해라

어린이들로부터 많은 사랑을 받고 있는 베스트셀러 동화 작가가 있
다. 그 작가는 인기가 많아서 그런지 각 초등학교로부터 강연 요청이
끊이지 않는다.

"작가님, 강연 좀 부탁드리려고 합니다. 시간 괜찮으세요?"

학교 측에서 연락이 오면 그는 흔쾌히 수락한다. 단, 조건을 하나
내건다. 강의료를 많이 달라거나 왕복 차편을 제공해달라는 따위가
아니다.

"제가 강의를 할 때 아이들이 제 강연 내용을 받아 적을 수 있도록
미리 지도해주세요."

"아, 노트 필기 말씀하시나요?"

"예, 그렇습니다."

그는 아이들이 노트 필기를 해야만 강연을 수락한다. 그 이유는 첫째, 노트 필기를 하면 아이들이 자신의 강의에 집중할 수 있기 때문이다. 어른들이라면 굳이 노트 필기 조건을 달진 않겠지만 아이들은 다르다. 집중력이 오래가지 못해 금세 친구들과 장난을 하고 떠들기 일쑤다. 그러면 분위기가 어수선하고 시끄러워져 도저히 강의를 지속할 수 없다. 그래서 노트 필기를 조건으로 다는 것이다. 두 번째 이유는 아이들에게 메모의 중요성을 알려주기 위해서다. 말이라는 게 어떤가. 들을 때는 감동적이고 참으로 좋은 말이라고 생각하지만 시간이 지나고 나면 남는 게 하나도 없다. 말은 바람처럼 머물지 않고 스쳐 지나가기 때문이다. 메모를 하면 나중에 그걸 읽으면서 그때의 감동을 다시 느낄 수 있고 복습 효과도 얻을 수 있다.

한 장의 메모는 역사를 바꾸기도 하고 세상을 발전시키기도 한다. 에디슨과 레오나르도 다빈치는 메모광으로도 유명하다. 에디슨은 보고 듣고 느끼는 모든 것을 하나도 빠짐없이 노트에 메모했다. 그가 평생토록 기록한 노트는 무려 3400여 권이나 된다고 한다. 그렇게 적었기 때문에 발명 특허만 2천 개가 넘을 정도로 엄청난 발명품을 만들 수 있었던 것이다. 레오나르도 다빈치도 마찬가지다. 그는 늘 자그마한 수첩을 지니고 다녔다. 문득 떠오르는 아이디어에서부터 사람들과 나눈 대화 내용, 지나가는 사람들의 옷차림이나 특징, 시장에 새롭게 선보인 물건 등등 세상 모든 것에 대해 호기심을 갖고 끊임없이 메모를 했다. 에디슨과 레오나르도 다빈치의 메모가 없었다면 인류의 발전은 조금 더뎌졌을지도 모른다.

레오나르도 다빈치의 메모는 오늘날에도 엄청난 가치를 인정받고 있다. 실제로 레오나르도 다빈치가 생존 당시 작성한 72쪽 분량의 노트는 1994년 무려 387억 원이라는 천문학적인 가격으로 책정되었다. 빌 게이츠가 경매를 통해 다빈치의 메모 노트를 그 가격에 산 것이다. 메모가 얼마나 위대하고 가치가 있는 일인지 극명하게 보여주는 사례라 할 수 있다.

인간의 기억력에는 한계가 있다. 책에서 아무리 좋은 문구를 봤다고 해도 며칠 지나면 가물가물하다. 기발한 아이디어가 떠올라도 달려드는 오토바이 때문에 깜짝 놀라는 순간, 아이디어는 사라지고 만다. 흘러 지나가는 생각을 잡아주고 멋진 글들을 영원히 간직하려면 다른 방법이 없다. 적어둬야 한다.

이제부터 당신도 적어라. 당신이 펜을 들고 수첩에 무언가를 적는 순간부터 당신은 달라질 것이다. 당신의 메모가 설령 세상을 바꾸고 인류의 발전을 앞당길 만한 위대한 업적이 되지 않더라도 적어도 당신의 발전된 내일은 보장할 것이다. **메모를 통해 당신은 생각을 조금 더 정리하고 체계화할 수 있을 것이다.** 또한 필요한 정보를 알게 되고 더 많은 번뜩이는 아이디어를 생각해내고 세상 모든 일에 호기심이 생기며 삶의 활력을 느끼게 될 것이다. 좀 귀찮더라도 적어라. 그 작은 실천이 당신을 변화시켜줄 것이다.

메모력을 키우기 위한 실천 사항

1. 미루지 말고 바로바로 적어라

장소 불문 어디서든 적어라. 떠오른 생각은 연기와 같아서 금세 사라지고 만다. 그 연기가 허공에 사라지기 전에 종이 위에 옮겨라. 메모지가 없으면 눈에 띄는 것 중 아무거나 이를테면 껌 종이나 영수증에라도 적어라. 휴대폰의 메모장을 이용하는 것도 좋겠다. 놓쳐버린 생각 때문에 하루 종일 답답해하고 한숨 쉬는 일은 이제 그만해라.

2. 누구를 만나면 일단 수첩부터 꺼내라

특히 비즈니스 관계로 누군가를 만나게 되면 악수를 나눈 후, 바로 수첩과 볼펜을 꺼내라. 그리고 그 사람의 이야기를 받아 적어라. 받아 적는 게 귀찮고 싫다면 그냥 적는 척이라도 열심히 해라. 메모를 하는 당신의 모습을 보고 상대방은 무척 흡족해할 것이다. 당신의 메모하는 모습을 보며 상대방은 자신의 말이 존중받는다는 걸 느끼게 된다. 상대방은 기분이 좋아지고 또한 당신에 대해 신뢰감을 느낄 것이다.

3. 메모한 내용을 복습하고 정리해라

적어놓고 그 메모지를 방치한다면 메모한 이유가 사라진다. 메모를 통해 생각을 다듬고 발전시키고 실천하는 게 메모를 하는 궁극적인 이유다. 주제별로 정리하든지, 날짜별로 정리하든지, 아니면 형광펜으로 중요한 부분에 밑줄을 치든지 해서 메모지를 점검해라. 그리고 적어놓을 당시의 마음가짐을 잊지 말고 그대로 실천해라.

Chapter 29

멈추지 말고
10m만 더 뛰어라

자동차 세일즈를 하는 민병두 씨는 요즘 고민이다. 입사 이후 계속해서 자동차 영업 실적이 하위권을 맴돌기 때문이다. 본부장실에서 한숨을 내쉬며 나오는 팀장을 볼 때마다 민병두 씨는 괜히 팀장에게 미안하다. 자기 때문에 팀장이 본부장에게 안 좋은 소리를 듣는 것 같기 때문이다.

영업을 마치고 돌아온 민병두 씨는 열정팀에서 자동차 판매 실적 1위를 달리고 있는 최 부장을 찾아갔다.

"최 부장님, 판매 1위 비결 좀 알려주세요. 이대로는 안 돼요. 팀장님 보기에 미안해서라도 더 이상 버틸 수 없어요."

최 부장은 허허 웃으며 말했다.

"그래? 자네 눈을 보니 장난이 아닌 것 같군. 말해주지. 아주 간단해."

최 부장은 책꽂이에서 책 한 권을 꺼냈다.

"이 부분을 읽어보게. 그럼 자네도 팀장 눈치 볼 필요가 없을 거야."

그 책에는 다음과 같이 적혀 있었다.

"미국의 소매상협회에서 세일즈맨의 거래 실적과 집념의 상관관계를 연구, 공개했다. 물건을 판매할 때 세일즈맨 중 48%는 단 한 번 권유하고 포기한다. 두 번 권유하는 사람은 25%다. 세 번 권유하는 세일즈맨은 15%다. 세일즈맨 중 오직 12%만이 네 번 이상 권유한다고 응답했다. 그런데 놀라운 사실은 네 번 이상 권유하는 12%의 세일즈맨이 전체 판매량의 80% 이상을 차지하고 있다는 것이다."

사람을 성공으로 이끄는 데는 자신감, 인맥, 성실성 등등 많은 요인이 있지만 그중에서 가장 중요한 건 바로 '인내력'이다. **성공과 실패는 종이 한 장 차이다. 누가 조금 더 견디느냐에 달렸다.** 진정한 프로는 주변 환경을 탓하지 않는다. "무엇 때문에 못 하겠다"가 아니라 "그럼에도 불구하고" 해낸다.

18세기 유럽 대륙을 정복한 나폴레옹은 사관학교 시절부터 인내력의 중요성을 알고 있었다.

교관이 사관생도들에게 물었다.

"제군들에게 묻겠노라. 병력과 지형과 무기가 같은 조건에서 두 군대가 전쟁을 했다. 어느 편이 이기겠는가?"

나폴레옹이 주저 없이 대답했다.

"마지막 5분까지 견디는 군대가 이깁니다. 승리와 패배는 인내력에 달려 있습니다."

그렇다. 견뎌야 한다. 스스로 선택한 직장이라면 그곳에 뿌리를 내릴 때까지 버텨야 한다. 또한 자신의 목표가 이루어질 때까지 중도에 포기하지 말고 밀고 나가야 한다. 성공하는 자가 살아남는 게 아니라 살아남는 자가 성공하는 것이다.

불리한 상황 앞에서 당신은 혹시 이런 생각을 하고 있지 않은가.

"과연 나에게 그런 인내력이 있을까? 괜히 더 고생하기 전에 그만 두자."

이런 생각으로 남보다 앞서길 바란다면 그건 욕심이고 불가능한 일이다. 남보다 더 땅을 파야 물을 발견할 수 있고 남보다 더 달려야 결승점에 먼저 도달할 수 있는 것이다.

당신 안에도 충분히 견뎌낼 힘이 있다. 미국의 심리학자이자 철학자인 윌리엄 제임스는 인내력에 대해 이렇게 말했다.

"사람들은 조금만 힘들거나 절망을 맛보면 그 순간 바로 포기한다. 그리고 스스로를 믿지 못한다. 그러나 그렇지 않다. 우리에게는 두 번, 세 번, 네 번을 참고 견딜 힘이 있다. 사람마다 차이는 있겠지만 심지어 일곱 번까지도 견디고 다시 도전할 잠재력이 있다."

그렇다. 분명 당신도 10m를 더 달릴 힘을 가지고 있다. 다만 당신 스스로 그 힘을 확인하기 전에 먼저 포기했을 뿐이다.

자존력

Chapter 30

자기 확신으로
똘똘 뭉친 사람이 되어라

변화심리학의 최고 권위자인 앤소니 라빈스는 인간은 누구나 거대한 능력을 갖고 태어난다고 말했다. 그러면서 이런 얘기를 덧붙였다.

"우리의 삶을 위대한 꿈으로 변형시킬 수 있는 마술 같은 힘은 항상 우리 안에서 잠자며 기다리고 있다. 위대한 성공은 우리가 가지고 있는 것을 최대한 활용하는 신체적, 지적, 정신적 에너지와 분리될 수 없다."

누구나 처음에는 위대한 능력을 갖고 태어난다. 그러나 그 능력은 시간의 변화에 따라 엄청난 차이를 보인다. 위대함이 바람 빠진 풍선처럼 점점 쪼그라드는 사람이 있는가 하면, 반대로 능력을 잘 살려 마침내 꿈을 이루는 사람도 있다. 그 차이는 어디서 오는 걸까? 바로

'활용'이다. 타고난 능력을 어떻게 가슴 밖으로 꺼내느냐에 따라 인생이 달라지고 미래가 달라지는 것이다. 그러나 내 안의 능력을 활용한다는 게 말처럼 쉬운 일이 아니다.

그 누구도 내일의 일을 예측할 수 없듯 우리에게는 언제 불행이 닥칠지 모른다. 때론 뜻하지 않은 장애를 만날 수도 있고 거듭해서 실패의 고배를 마실 수도 있고 좌절이 찾아와 양어깨를 짓누를 수도 있다. 그럴 때 가장 필요한 건 신체적이거나 지적인 에너지가 아니다. 바로 정신적 에너지, 즉 '자기 확신'이다. **실패와 두려움과 망설임과 절망 앞에서도 "나는 당당히 일어설 수 있다"라고 강하게 말할 수 있는 믿음, 그 자기 확신이 필요하다.**

1962년 여름, 고등학교 3학년인 반기문(1944~)은 난생처음으로 비행기를 탔다. 그 당시 비행기를 탄다는 건 벼락을 맞을 확률과 비슷할 정도로 극히 드문 일이었다. 충주 촌뜨기가 서울 구경하는 것만으로도 뉴스감인데 미국을 간다는 건 정말이지 뉴스 중에서도 톱뉴스거리였다.

반기문은 비행기 창을 통해 바깥을 바라보았다. 고개를 쳐들어야만 볼 수 있었던 그 높디높은 하늘이 바로 눈앞에 펼쳐지다니 믿어지지가 않았다. 더군다나 미국 대통령 케네디를 만나러 가는 길이라는 게 더더욱 꿈만 같았다.

"내가 꿈을 꾸고 있는 건 아니겠지?"

반기문은 자꾸만 자신의 얼굴을 꼬집었다. 꿈이 아니라 생생한 현실이었다. 반기문에게 이런 기회가 주어진 건 그가 적십자사에서 주관하는 청소년 미국 연수 프로그램인 비스타(VISTA, Visit of International Student to America) 선발 대회에서 당당히 1등을 했기에 가능했다.

반기문은 비행기 안에서 눈을 지그시 감고 같은 말을 수십 번 중얼거렸다.

"나는 외교관이 될 거야!"

그의 중얼거림은 그 가슴 밑에서부터 시작된 간절함이었다. 예전부터 품어왔던 꿈이며 비전이며 신앙과도 같은 확고한 믿음이었다.

드디어 비행기가 굉음을 내며 미국 땅에 닿았고 반기문은 적십자사의 일정에 맞춰 정신없이 시간을 보냈다. 그리고 마침내 케네디 대통령과 대면을 할 운명의 시간이 다가왔다.

저 멀리서 반기문을 향해 걸어오는 케네디 대통령의 모습은 참으로 멋있고 신사적이었다. 케네디 대통령은 방긋 웃으며 반기문에게 말을 걸었다.

"너의 꿈은 뭐니?"

케네디가 건넨 그 말 한마디에 반기문은 가슴이 터질 듯했다. 그러나 반기문은 마음을 진정시킨 후, 자기 확신에 찬 말투로 당당하게 말했다.

"저는 외교관이 될 것입니다."

"그래, 그 꿈을 이루길 바란다."

케네디의 격려 한마디에 반기문은 더더욱 자기 확신에 찼다.

"그래, 기필코 외교관이 될 거야. 아니, 나는 이미 그 꿈을 이룬 거나 다름없어. 내가 그렇게 믿고 있는 한."

미국 일정을 마치고 집에 돌아온 반기문은 매일 밤 자기 전에 주문을 외웠다.

"나는 외교관이다."

"나는 외교관이다."

그리고 결국 그의 간절한 바람은 이루어졌다. 외교관이 된 것이다. 자기 확신을 갖고 꿈을 키워온 반기문. 그 자기 확신이 오늘날 그를 만든 것이다.

자기 확신이 강한 사람을 우리는 때론 교만하다고 보는 경향이 있다. 그러나 그건 잘못된 생각이다. 자기 확신이 강한 사람은 오히려 남을 배려하고 남에게 피해를 주지 않는다. 되레 자기 확신이 없는 사람이 문제다. 그런 사람은 이루고자 하는 목표가 없기 때문에 쉽게 유혹에 넘어가 방황하며 자신의 소중한 삶을 낭비하고 또한 결단 앞에 망설임이 길어 다른 사람을 답답하게 만들다가 결국 일을 그르치고 만다. 자기 확신이 나를 위한 일이고 아울러 남을 위한 일임을 알아야 한다.

세계적인 기업 GE의 회장을 지낸 잭 웰치는 자기 확신에 대해 이렇게 역설했다.

"젊은이들은 흔히 무언가를 성취하고자 하는 욕망, 야망, 창의적인 아이디어로 꽉 차 있으면서도 모든 것을 날려버릴 수 있다는 두려움에 망설이곤 한다. 두려움 극복에 필요한 것은 자기 확신이다. 이 문제에 관한 한 용기는 중요하지 않다. 필요한 것은 자기 확신이다."

자기 확신이 강한 사람은 늘 자신이 뜻한 바를 이루기 마련이다.

Chapter 31

당당함을 잃지 말고
자존감을 높여라

"난 원래 이것밖에 안 되는 인간이었어."

"난 특별하지 않아. 뭐 하나 잘하는 게 없어."

"과연 이루어질까?"

"나는 왜 이렇게 되는 일이 없지."

이런 부정적인 생각으로 자신의 능력을 가둬두는 사람이 있다. 자기 스스로 자신의 능력을 의심하고 끝도 없이 자기 비하를 일삼아 자신의 가치를 낮추는 것이다. 그것만큼 어리석은 일도 없다. 자신의 능력이나 조건에 대해서 본인이 믿지 못한다면 미래에 대한 어떤 확신이나 비전을 갖기 어렵다. 또한 스스로 자신에게 낮은 점수를 준다면 남들에게도 좋은 평가를 기대할 수 없다.

"나는 완벽해야 해"라는 완벽주의에 사로잡히면 자칫 자기 존중감의 상실로 이어질 수 있다. 사람은 신이 아니기 때문에 실수도 하고 실패도 한다. 그러니 때론 자신의 실수나 한계를 받아들여야 한다. 지나친 완벽주의는 자기 자신을 힘들게 하고 자신에 대해 불신감만 키운다.

『실낙원』으로 셰익스피어에 버금가는 작가로 평가받는 밀턴(John Milton : 1608~1674)은 이렇게 말했다.

"자기 자신을 경건하고 공정하게 존중하는 태도는 훌륭하고 소중한 진취적 기상이 솟아날 수 있도록 수분을 공급하는 원천이라고 할 수 있다."

자신을 존중할 줄 아는 자만이 매사에 적극적이고 자신감이 넘치며 또한 다른 사람에게까지 힘을 줄 수 있다.

『안네의 일기』를 쓴 안네 프랑크(Annelies Marie Frank : 1929~1945)도 "모든 사람의 마음속에는 좋은 소식이 있다. 바로 자기 자신이 얼마나 위대해질 수 있는지, 얼마나 잠재력이 있는지 알 수 없을 만큼 한계가 없다는 것이다"라고 적었다.

세상 사람들이 모두 다 나를 비난하고 나를 업신여긴다 해도 자기만은 자신을 믿어야 한다. 할 수 있다고 생각하면 할 수 있고, 할 수 없다고 생각하면 할 수 없다. 매일매일 자기 자신에게 자신감을 요구하고 간절히 꿈을 바라고 성취하고자 하는 일을 큰 소리로 외쳐라. 그러면 이루어질 것이다. 분명 당신에게도 좋은 소식이 들릴 것이다.

미국 시사 주간지 《타임》은 지난 1927년 이래 매년 '올해의 인물'을 발표해왔다. 그리고 2006년 '올해의 인물'로 '당신You'을 선정했다. 선정 배경은 다음과 같다. 블로그 등 새로운 미디어의 영역을 장악하고 발전시킨 것이 바로 '당신'이라는 것이다.

'당신'은 참으로 많은 일을 해왔다. 역사를 만들었고 새로움을 창조했고 시대를 이끌었다. '당신'은 존중받아야 하며 또한 스스로를 사랑해야 한다.

심리학 박사인 나다니엘 브랜든(Nathaniel Branden : 1930~)이 그의 저서에서 밝힌 '당신 스스로를 믿으면 얻게 되는 보상'을 소개하고자 한다.

첫째, 삶의 역경을 극복하는 데 좀 더 유리한 조건을 갖출 수 있다.

둘째, 창조력을 더욱 극대화시킬 수 있다.

셋째, 사회생활이나 경제적인 면에서 지금보다 더 야심이 커질 수 있다.

넷째, 파괴적이고 이기적인 관계보다는 서로 도움이 되는 관계를 맺을 가능성이 높다.

다섯째, 다른 사람을 존경하고 친절을 베풀 수 있는 마음의 크기가 생긴다.

여섯째, 살아 있다는 사실, 즉 아침에 일어나 숨을 쉬고 있다는 그 사실에 만족하고 행복해할 줄 아는 여유가 생긴다

바로 이런 것들이 당신 스스로를 믿고 사랑한다면 얻을 수 있는 값진 보석들이다. 당신도 그 보석의 주인이 되어야 한다.

Chapter 32

철저한 준비로
성공의 확률을 높여라

성공한 사람들을 보면 어떤 생각이 드는가. 일단 부러울 것이다. 또한 왠지 모를 존경심도 들 것이다. 그러나 일부 사람들은 그들을 깎아내리려 한다.

"운이 좋아서 저렇게 된 거야."

"부모 잘 만나서 그런 거지, 뭐."

"돈이 결국 성공을 만든 거지."

물론 틀린 말이 아닐 수도 있다. 그러나 아무리 운이 좋고 부모 덕을 봤다고 해도 나름대로의 노력이 없었다면 성공을 이룰 수 없었을 것이다. 그 나름대로의 노력만큼은 인정해줘야 한다.

당신도 성공 신화의 주인공이 되고 싶을 것이다. 그렇다면 일단 조급증을 버려야 한다. 성공은 하루아침에 이루어지는 법이 없다. 울창한 나무들이 가득한 숲을 가본 적이 있을 것이다. 그 나무들을 보면서 무슨 생각을 했는가. 나무들은 그 자리에 서기까지 참으로 많은 시간을 보냈을 것이다. 하루아침에 자란 나무는 이 세상에 없다.

나무는 뿌리 깊숙이 물과 공기와 빛과 영양분을 차곡차곡 비축하며 자기에게 닥칠 변화에 대해 미리미리 준비해왔다. 그러했기에 혹독한 겨울을 이겨내고 뜨거운 여름 땡볕을 견디고 온몸을 뒤흔드는 바람도 참아내고 기나긴 장맛비의 우울함도 받아들이며 그렇게 성장할 수 있었던 것이다. 지금 우리가 바라보는 숲, 그것은 어쩌면 각각의 나무들이 내일을 향해 준비한 시간들의 나열인지도 모른다.

오랜 기간 시간과 돈과 지식과 노력을 투자해야 한다. 설령 하루아침에 큰 성공을 이뤘다고 해도 그건 모래 위의 성과 다를 바 없다. 준비와 노력 없이 이룬 성공은 생명력이 짧다. 작은 바람에도, 작은 파도에도 쉽사리 무너지고 만다.

급하다고 해서 씨를 뿌리자마자 열매를 따려고 해선 안 된다. 밥을 지을 때도 뜸을 들이는 시간이 필요하고 개구리가 멀리 뛰기 위해선 움츠리는 시간이 필요하듯 목표를 향해 한 걸음 한 걸음 준비하는 자세가 필요하다.

준비를 하는 것은 보다 나은 미래를 얻기 위한 투자이며 과정이다.

또한 변화에 대처하는 현명한 방법이기도 하다.

맥아더(Douglas MacArthur : 1880~1964)는 이렇게 말했다.

"인생은 무언가가 되어가는 생동감 넘치는 과정이다. 지난해에 자신이 관심 분야에 무언가를 추가하지 않았다면, 여전히 과거의 사고방식을 지니고 똑같은 경험만 되풀이하고 있다면, 여전히 예측 가능한 반응들로 일관한다면, 당신은 지금 죽어 있는 인생을 사는 것이다."

준비하지 않고 또한 변화에 대해 적극적으로 대처하지 않는다면 결국 발전 없는, 희망 없는 인생으로 전락하고 만다. 준비하는 삶, 변화하는 삶은 분명 고통이 따르겠지만 보다 나은 미래를 보장해줄 것이다.

모든 일에 자기주장이 뚜렷하고 자신의 선택에 확신을 갖는 사람들이 있다. 그런 사람들은 당당하고 자신감이 넘친다. 그렇다면 그런 당당함과 자신감은 어디서 오는 걸까? 그건 바로 철저한 준비에서 온다. 준비된 자는 실수나 실패의 확률이 낮다. 그만큼 성공에 대한 확률은 높다. 그러하기에 주저함이나 망설임이 없고 두려움도 찾아볼 수 없다.

초등학교 때의 기억을 떠올려봐라. 선생님이 내준 숙제를 해 온 학생과 해 오지 않은 학생은 얼굴 표정부터 다르다. 숙제를 해 온 학생은 수업 시간에 선생님과 눈이 마주치는 것에 대해 거리낌이 없다. 그러나 숙제를 안 해 온 학생은 수업 시간 내내 안절부절못하고 선생님과 눈이 마주치는 게 두려워 고개를 숙이고만 있다.

회사에서도 마찬가지다.

준비가 미흡한 사람은 회의 시간이 두렵다. 위기를 모면하려고 급하게 기획서를 작성하지만 급조한 기획서는 티가 나기 마련이다. 그러나 준비가 철저한 사람은 여유가 있고 논리 정연하다. 특히 신입 사원에게 있어 준비성을 갖추는 것은 성실성을 알릴 수 있는 좋은 기회다. 상사들은 신입 사원에게 많은 것을 바라지 않는다. 그저 주어진 일에 꾀를 부리지 않고 최선을 다해 준비하는 걸 원한다. 그게 신입 사원을 평가하는 최고의 기준이 된다.

물론 준비한다고 해서 모든 일이 다 순조롭게 풀리는 것은 아니다. 때론 좋지 않은 상황이 닥치기도 한다. 그런 상황이 닥쳤을 때, 그래도 준비된 자는 재빠르고 현명하게 그 상황을 모면하거나 해결책을 찾을 수 있다. 그러나 준비성이 없는 사람은 좋지 않은 상황 앞에 무너지고 변화의 희생양이 되는 경우도 있다.

프랑스의 미생물학자인 파스퇴르는 이런 말을 했다.

"행운은 그저 오는 것이 아니다. 행운은 마음의 준비가 되어 있는 사람에게만 미소를 짓는다."

즉, 준비된 자만이 행운과 기회를 거머쥘 수 있다는 것이다. 가을이 되면 나뭇가지에서 사과가 떨어지는 걸 다들 대수롭게 생각하지 않았지만 준비된 뉴턴은 그 사과의 낙하에서 만유인력의 법칙을 발견해냈다. 컴퓨터가 처음 나올 당시만 해도 오늘날처럼 컴퓨터가 각 가정마다 보급이 될 거라 누구도 예상하지 못했다. 그러나 빌 게이츠는 그걸 예상하고 소프트웨어 프로그램 개발에 주력했다. 그의 예측은 적중했고 마침내 준비된 빌 게이츠는 세계 최고의 부자로 이름을 떨치게 되었다.

성공 뒤에는 피나는 노력과 철저한 준비 과정이 숨어 있다.

메이저리그의 전설적인 홈런왕 베이브 루스도 그 자리에 오르기까지 남모를 준비가 있었다.

그는 경기를 마치고 집으로 돌아오면 매일 밤, 음악을 틀어놓고 레코드판의 바늘을 뚫어져라 노려보았다. 너무나 집중한 나머지 눈이 시리고 쑤셨다. 심지어 속이 울렁거려 구토까지 했다. 그러나 그는 다음 날에도 그 일을 계속해서 했다. 그렇게 몇 달, 몇 년의 시간을 보냈다. 그리고 마침내 홈런왕이 될 수 있었다.

그가 그토록 레코드판의 바늘을 바라본 까닭은 무엇이었을까? 바로 공을 제대로 치기 위해서였다. 공을 제대로 치려면 날아오는 공을 정확히 볼 수 있어야 한다. 그래서 돌아가는 레코드판의 바늘 끝을 공이라 생각하고 집중하는 연습을 한 것이다. 그런 철저한 준비가 있었기에 그는 홈런왕이 될 수 있었다.

말투가 어눌하고 치열이 고르지 못한, 한마디로 비호감인 서른여섯 살의 청년이 있었다. 그의 이름은 폴 포츠(Paul Potts : 1970~).

그는 휴대전화 외판원으로 일하면서도 늘 노래를 흥얼거렸다. 그의 꿈은 오페라 가수였다. 그는 오페라 가수가 되기 위해 오랜 기간 동안 준비를 해왔다. 스물여덟 살 때 자비를 들여 이탈리아의 오페라 여름학교까지 갔을 정도다. 그 후에도 단 하루도 노래를 멈추지 않았다. 부신종양 등의 병으로 수술대에 올랐을 때도, 2003년에 오토바이 사고로 쇄골이 부서졌을 때도 그의 노래는 계속되었다.

"그래, 남들이 알아줄 때까지 하는 거야. 준비가 길면 길수록 더욱 완벽해지는 거야."

그리고 마침내 그에게 기회가 왔다. 영국판 〈아메리칸 아이돌〉인 〈브리튼스 갓 탤런트〉에 참가한 것이다.

예선전 심사위원들은 그의 후줄근한 옷차림과 촌스러운 외모를 보고 미덥지 않은 표정을 지었다. 비웃듯이 쳐다보기도 했다.

그러나 그가 노래를 부르자, 심사위원들은 두 눈이 휘둥그레졌다. 깨끗하고 밝은 음성과 풍부한 성량이 마음을 감동으로 가득 채웠다.

마침내 그는 그 대회에서 우승을 했고 앨범까지 내게 되었다. 앨범의 타이틀은 〈원 찬스One Chance〉. 그 앨범은 순식간에 베스트 앨범이 되었고 여전히 그는 세계인들의 사랑을 받으며 노래를 부르고 있다.

필요한 것이 있거나 이루고자 하는 것이 있다면 미리 준비해야 한다. 그래야 기회가 불시에 닥치더라도 결코 놓치지 않는 법이다. 이루고 싶은 꿈이 뭔가? 지금도 늦지 않았다. 인생은 생각보다 길고 또한 준비는 길수록 더더욱 견고해진다. 준비된 자에게만 기회가 온다는 사실, 그것은 진리임에 틀림없다.

Chapter 33

엉덩이를
들썩거리지 마라

누군가를 기다려본 적이 있는가? 기다림은 사람의 마음을 복잡하게 만든다. 처음에는 마음이 설렘으로 가득 찬다. 그러나 약속 시간이 지나가면 서서히 마음이 흔들린다. 약속 시간인데도 나타나지 않는 사람에 대해 미움이 생기기 시작한다. 시간이 자꾸 지날수록 미움은 원망으로 바뀐다. 그러나 한편으로는 오는 길에 혹시 무슨 일이라도 생기지 않았나, 걱정되기도 한다. 오랜 기다림 끝에 약속한 사람을 만나면 얄밉기도 하지만 어쨌든 이렇게 만났으니 기다리길 잘했다는 생각이 들면서 더 큰 기쁨으로 다가올 때가 있다.

기다림을 성공이나 부의 관점에서 볼 수도 있다.

미국 스탠퍼드대학교에서의 일이다. 이 대학에서 근무하는 월터

미셸 박사는 4세 아동을 대상으로 재미있는 실험을 했다.

아이들에게 마시멜로 하나씩을 나눠주고는 이렇게 말했다.

"15분간 이걸 먹지 않고 기다리면 보너스로 한 개를 더 주겠다."

어떤 아이는 15분을 참지 못하고 그냥 마시멜로를 집어 먹었다. 그리고 몇몇 아이는 15분을 기다린 후, 마시멜로를 한 개 더 받았다.

그로부터 10년 후, 이 실험의 결과가 나왔다. 15분을 참지 못한 아이들은 청소년 시기에 다소 성격이 거칠고 일에 있어서 곧잘 짜증을 냈지만, 15분을 기다린 아이들은 자기 절제력이 강하고 대인 관계도 원만한 반듯한 청소년으로 성장했다.

기다릴 줄 알고 인내할 줄 아는 게 우리 삶에 영향을 준다는 사실이 참으로 놀랍다.

대부분 사람들은 너무나 조급한 마음을 가지고 있다. 또한 눈에 보이는 이익만을 좇으며 때론 황금 알을 낳는 거위의 배를 가르는 어리석은 욕심을 내기도 한다. 그러나 언제까지 자신의 욕망이나 감정을 통제하지 못한 채 살 순 없다. **성공을 꿈꾸고 부자가 되길 원한다면 먼저 자신의 감정을 다스릴 줄 알아야 한다.** 특히 기다릴 줄 아는 능력을 키워야 한다.

『돈키호테』를 쓴 세르반테스(Miguel de Cervantes : 1547~1616)가 그의 소설 속에서 인용한 "로마는 하루아침에 이루어지지 않는다"라는 말처럼 성공이나 부는 도깨비방망이처럼 순식간에 뚝딱하고 만들어지지 않는다. 시간과 노력과 돈이 오랜 기간 동안 투자가 되어야 이룰 수 있다.

소설가 박경리는 『토지』를 완성하는 데 무려 26년이라는 시간이 걸렸다. 워런 버핏도 세계 최고의 부자가 되기 위해 50년 이상을 투자에 열정을 쏟았다. 부자가 되기에 급급한 나머지 시간을 끌어당기거나 맞서 싸우려 하지 마라. 그런 사람들은 지나친 욕심과 욕망 때문에 실패를 하고 만다.

Chapter 34

모든 일에
열정주의자가 되어라

높은 지위를 가진 사람 앞에서도 주눅 들지 않고 당당한 사람이 있다. 돈을 많이 가진 사람 앞에서도 기죽지 않고 얼굴이 환한 사람이 있다. 힘이 강한 사람 앞에서도 무릎 꿇지 않고 여유로운 표정을 지닌 사람이 있다. 그런 사람들의 공통점은 바로 자신감이 넘치고 자신의 일과 미래에 대해 확고한 신념을 가지고 있다는 것이다.

자신감과 확고한 신념을 가진 사람들은 특히 자기에게 주어진 일에 열정적이다. 주어진 일이 작고 하찮다 하더라도 불평하거나 함부로 대하는 법이 없다. 다시 말해 프로 근성이 있다는 것이다. 그러나 이와 반대인 사람들도 있다. 자신의 일은 대충 하면서 "왜 남들은 나를 인정해주지 않는 거야" 하고 투정을 부리거나 "왜 나에겐 성공의 기회를 주지 않아" 하고 불평불만을 입에 달고 사는 사람들이 있다. 그런 사람들은 오늘의 이익에만 급급하고 손해 보지 않으려는 이기적인 사람이며 비전이 없을뿐더러 성공과 거리가 먼 사람이라 할 수 있다.

어쩌면 성공이란 건 수학 방정식이나 과학 법칙보다 더 간단한 건지도 모른다. **자기에게 주어진 일을 열심히 하는 자, 즉 프로 근성을 가진 자가 성공한다.** 그게 변치 않는 진리다.

우리는 이미 어릴 때부터 들어온 '토끼와 거북이의 경주' 이야기에서 그 진리를 배웠다. 거북이는 시합 내내 자기에게 주어진 일인 달리기를 열심히 해냈다. 그러나 토끼는 어떠했는가. 자신이 해야 할 일을 다 하지 않고 게으름을 피우다 결국 패하고 말았다. 간단하면서도 명쾌한 이 진리를 절대 잊어선 안 된다.

어느 마을에 사는 큰 부자가 자신의 집에 있는 정원을 가꿀 정원사를 뽑고자 했다. 그는 평소에 한 청년을 유심히 관찰했다. 그 청년이 꽤 성실해 보였기 때문이다.

어느 날 그는 청년에게 다가가 물었다.

"자네 혹시 일자리를 구하고 있나?"

"예, 그렇습니다."

"그럼 우리 집에서 일하는 건 어떤가? 내가 지금 정원을 가꿀 정원사가 필요하거든."

청년은 고개를 끄덕이며 기뻐했다.

"열심히 하겠습니다."

다음 날이 되자, 청년은 부자의 집으로 출근을 했다. 그리고 열심히 나무에 물도 주고 거름도 주었다. 불필요한 가지는 잘랐다. 매일매일 반복되는 일이기에 지겹고 힘들 법도 한데 청년은 불평불만 없이 열심히 일했다. 그리고 틈만 나면 나무 화분에 멋진 조각을 새겼다.

정원을 지나가던 부자는 청년이 있는 쪽으로 다가와 물었다.

"지금 뭘 하고 있느냐?"

"예, 나무 화분에 조각을 새기고 있습니다."

"아주 멋지구나. 그런데 너는 이 정원만 잘 관리하면 된다. 굳이 힘들게 조각까지 할 필요는 없단다. 그걸 했다고 해서 품삯을 더 주는 것이 아니다."

그러자 청년은 빙그레 웃으며 말했다.

"품삯을 바라고 한 게 아닙니다. 당연히 제가 할 일이라고 생각해서 한 겁니다. 나무 화분을 멋지게 변신시키면 정원이 더 아름답고 근사해질 겁니다."

청년의 성실한 모습이 맘에 들었던 부자는 청년에게 장학금을 주었다. 그래서 청년은 미술학교에 입학할 수 있었다. 그 청년은 훗날 세계적인 화가가 되었다. 그 청년이 바로 〈최후의 심판〉이란 작품을 남긴 미켈란젤로(Michelangelo : 1475~1564)다.

사람들은 자기에게 주어진 일을 하찮게 여기는 경향이 있다. 더 많은 일, 더 중요한 일을 잘해낼 수 있는데 왜 나에겐 작고 보잘것없는 일만 주어지나, 하고 자존심이 상해 못마땅해한다. 그러나 생각해봐라. 작은 냇물이 모여 바다가 되고 작은 나무들이 모여 숲을 이루고 작은 돌멩이들이 모여 만리장성을 쌓는다.

아무리 작은 일에도 각각의 의미와 가치가 숨어 있다. 그 일에 충실하고 모든 열정을 쏟는 사람이 훗날 큰일을 도모할 수 있는 것이다. 이처럼 자기에게 주어진 일이 아무리 작고 하찮더라도 그 일에 최선을 다하여 그 일의 가치를 최고의 가치로 끌어내는 사람을 '진정한 프로'라고 말할 수 있다.

또한 프로는 자신이 맡은 일이 아무리 힘든 일이라도 그 일을 끝내고 마는 의지가 있는 사람이며 그 일의 결과에 대해 책임을 질 수 있는 사람이기도 하다.

아마추어와 프로의 세계는 분명 다르다. 프로는 자기 관리에 능해야 한다. 이제까지 쌓아 올린 명성과 부도 자기 관리에 실패하는 순간, 순식간에 무너질 수 있다. 세상과 쉽게 타협하지 말아야 하며 유혹에 넘어가지 말아야 하고 또한 자신의 일에 최선을 다해야 한다. 그래야만 최고가 될 수 있고 최고의 자리를 지킬 수 있다. 어쩌면 프로페셔널로 살아간다는 건 참으로 어려운 일인지도 모른다. 끊임없이 노력하고 앞서 가지 않으면 곧 쫓아오는 자에게 추월당하고 만다. 그렇다고 그 자리를 지켜내기 위해 남을 짓밟고 헐뜯고 이용해서는 안 된다. 진짜 멋진 프로페셔널은 오직 실력으로 모든 것을 말한다. 그렇다면 프로페셔널이 되기 위해 어떤 노력이 필요할까?

프로페셔널이 되기 위한 방법

1. 막연한 꿈이 아닌 구체적인 비전을 가져라

원대한 꿈을 갖는 건 좋다. 그러나 그게 실현 가능성이 없는 허무맹랑한 꿈이면 곤란하다. 또한 구체적인 비전이 있어야 한다. 오늘 주어진 시간을 어떻게 보내고 내일은 무엇을 마치고 모레는 어떤 새로운 일에 도전을 할 것인가를 구체적으로 계획하자. 그 계획 속에 자신의 인생을 꾸리며 살자. 그러면 모든 것은 계획대로 되고 꿈에도 훨씬 가까워질 것이다.

2. 남보다 앞서 바라볼 수 있는 선견력先見力을 가져라

프로페셔널이 되기 위해선 남들과 다른 눈을 가지고 있어야 한다. 그게 바로 '미래를 보는 눈'이다. 시대보다 한 템포 앞서 나가야 자신의 분야에서 독보적인 존재가 될 수 있다. 그런 선견력을 갖추기 위해선 세상의 흐름에 민감할 뿐만 아니라 나름대로 공부도 해야 하며 끊임없는 자기 계발의 노력이 있어야 한다.

3. 당장 눈앞의 이익보다는 미래를 봐라

아마추어는 지금 당장 지갑에 돈이 두둑하면 그걸로 만족하지만 프로는 그렇지 않다. 지금 내가 손해를 보더라도 미래에 좋은 결과가 예측된다면 기꺼이 지금의 것을 포기할 수 있어야 한다. 또한 현상 유지보다는 변화에 발맞춰야 한다. 변화의 과정 속에 고통이 따르겠지만 그건 더 나은 미래를 위한 대가라 생각해야 한다.

4. 자신의 선택을 믿고 결과에 책임을 져라

인생은 선택의 연속이라 하지 않던가. 눈만 뜨면 우리는 선택 앞에 놓여 있다. 선택 앞에 망설여진다면 멘토에게 조언을 구하는 것도 좋다. 그러나 최종 결정은 본인의 몫이다. 그리고 한번 결정한 사항에 대해서는 후회할 필요가 없다. 자신의 선택이 옳다고 믿어야 한다. 또한 선택한 결과에 있어 책임을 질 줄 알아야 한다. 설령 좋지 않은 결과로 인해 곤경에 빠질지라도 당당하게 책임을 진다면 그건 실패가 아닌 새로운 도약의 출발점이 될 것이다.

Chapter 35

넘지 못할 선을
미리 긋지 마라

수천, 수만 명의 반대자 앞에서도 자신의 주장을 끝까지 펼치는 용기를 가진 자, 혹독한 추위를 견디며 하늘에 끝닿은 히말라야 정상을 오르는 집념을 가진 자, 온갖 협박과 고문 속에서도 굴복하지 않고 자신의 신념을 지키는 자. 인간은 나약한 듯하나 강한 존재다. 도저히 해낼 수 없고 이겨낼 수 없다고 생각되는 상황 속에서도 꿋꿋하게 극복하고 견뎌낸다. 그게 바로 인간의 힘이다.

당신에게도 그런 강한 힘이 있다. 다만 그 힘을 스스로 선택하지 않았을 뿐이다.

그렇다면 그 강한 힘은 어디서부터 오는가. 바로 자신에 대한 강한 믿음, '자신감'에서부터 온다.

성공한 사람들의 공통된 특성은 바로 자신감이 강하게 넘친다는 것이다. 그들은 실패 앞에서도 당당하고 도전 앞에서는 더욱 강한 의지를 내비치며 어떤 일이든 누구 앞이든 주눅 들지 않고 자기 확신에 차 있다. 그러나 실패한 사람은 그 반대다. 매사에 기죽고 위축되어 있다. 시도도 하기 전에 겁먹고 물러나며 미리 부정적으로 결과를 점친다. 실패자들은 한마디로 열등감에 사로잡혀 있다. 자신의 발전과 잠재력을 스스로 부정하며 성공에 대한 믿음이 없다. 실패자들은 고난과 역경에 굴복해 실패하는 게 아니다. 미리부터 성공에 대한 희망을 저버리기 때문에 실패하는 것이다.

역사상 최고의 웅변가로 알려진 데모스테네스(Demosthenes : B.C. 384~B.C. 322)는 처음부터 말을 잘하는 사람이 아니었다. 어릴 적에 그는 지독한 언어장애를 가졌을 뿐만 아니라 대인공포증까지 있었다. 지나치게 소극적이어서 사람들과 잘 어울리지도 못했다. 한동안 그는 그런 열등감 때문에 괴로워했다.

'나는 안 돼! 이런 내가 어떻게 남들 앞에서 말을 하겠어!'

'아니야, 마음을 고쳐먹으면 나도 잘할 수 있어. 나의 한계를 극복한다면 기쁨이 배가될 거야.'

그의 마음속에서는 늘 이 두 가지 생각이 다투었다. 그는 결국 후자의 생각을 선택했다. 그 순간, 놀랍게도 그의 입은 당당해졌고 그의 혀는 춤추기 시작했다. 파도치는 바닷가, 나무가 우거진 숲, 갈대가 펼쳐진 들판에서 그는 혹독하게 연설하는 연습을 했다. 그 결과, 그는 마침내 세계적인 대웅변가이며 달변가로 우뚝 서게 되었다.

스스로 한계를 정하지 않는 한 한계를 극복할 수 있다. 누구에게나 제각기 아직 꺼내지 않은 잠재력이 있기 때문이다.

한계 극복의 힘을 키우기 위해선 일단 열등감부터 없애야 한다. 열등감은 대부분 비교에서 비롯된다. 수시로 남들과 나를 비교하고 남들에게 있는데 나에겐 없는 것을 찾으면서 자신을 한없이 낮춘다. 그러다 보면 낮은 자존감에 사로잡혀 자신감을 잃고, 한계에 부딪히면 바로 수긍하고 만다. 그러므로 비교는 금물이다. 남들보다 못하는 게 있다면 반대로 남들보다 잘하는 것이 분명 나에게 있다. 그것을 극대화하고 그것에 대한 자부심을 가지면 된다. 또한 실패를 두려워하지 말아야 한다. 성공하기란 참으로 어려운 일이다. 수많은 실패를 통해 한 번 성공하는 것이다. 실패를 당연한 과정으로 받아들이고 일단 시도하는 게 중요하다.

거두절미하고 한계를 뛰어넘는 최상의 방법을 알려주겠다. 일단 돌멩이 하나를 집어 들어라. 그리고 땅바닥에 선을 길게 그어라. 그 다음에 그 선을 폴짝 뛰어넘어라. 됐다. 당신은 당신이 그어놓은 한계

의 선을 뛰어넘었다. 복잡하게 생각하지 말고 시도해라. 그게 최상의

방법이다.

Chapter 36

시사 주간지와
패션 잡지를 뒤적거려라

눈물 연기를 기막히게 잘하는 배우가 있다고 치자. 그 배우의 눈물 한 방울에 시청자들의 가슴에도 눈물이 차오른다. 그 배우의 연기력이며 매너 또한 흠잡을 게 없다. 그런데 그 배우가 다음 작품에서도 여전히 똑같은 눈물 연기를 시도했다. 그의 연기를 보고 시청자들의 반응은 둘로 갈렸다. 여전히 그의 연기에 감동을 받은 사람이 있는가 하면 그의 연기에 서서히 싫증을 느끼며 시큰둥한 반응을 보이는 사람도 있다.

"저 배우는 만날 울기만 해."

"이제 눈물 연기 보는 것도 지겹다."

"눈물 말고 뭐 다른 거 없나? 연기 폭이 너무 좁은 거 아냐?"

연기자가 자기의 연기 패턴을 바꾼다는 게 그리 쉽진 않을 것이다. 그렇다고 다른 작품에서도 매번 같은 캐릭터로 연기한다면 시청자들은 금방 식상해할 것이고 인기도 서서히 사그라질 것이다. 세월이 흐르는 만큼 연기도 변해야 하고 깊어져야 한다.

지식도 마찬가지다. 중·고등학교 때 배웠던 상식, 대학교 때 중간고사에 대비해 벼락치기로 외웠던 이론과 법칙, 인터넷에서 주워 모은 지식은 더 이상 통하지 않는다. 그 정도의 지식은 누구나 다 아는 보편적인 것들이다. 그 지식으로 남을 설득하고 남보다 앞서 가기엔 무리가 있다.

결론은 '공부'다. 세월이 지날수록 나뭇잎도 크고 짙어지며 열매도 실해지듯 지식도 넓고 깊어져야 한다.

당신이 전문적인 일을 한다면 그 분야에 새롭게 출간된 전문 서적을 참고하고 선배에게 노하우를 배워야 할 것이다. 그래야 그 분야에서 인정을 받고 발전을 할 수 있다. 그러나 그게 전부는 아니다. 그 전문 지식 못지않게 세상 돌아가는 상황을 파악하는 시대의 지식도 필요하다.

김민국 씨는 시골 학교에서 평생을 교직 생활을 하다가 몇 해 전 정년퇴임을 했다. 아직도 살아갈 날이 많기 때문에 마냥 쉴 수만은 없었다. 그래서 그동안 모은 돈과 퇴직금으로 남들이 다 하는 치킨집을 개업했다. 그런데 개업한 지 채 1년도 지나지 않아 결국 가게 문을 닫고 말았다. 한마디로 망한 것이다. 왜 그랬을까? 지정학적 위치나 맛, 서비스 등 많은 문제가 있었겠지만 가장 중요한 문제는 바로 세상을 몰랐기 때문이다. 아이들을 가르치는 실력은 베테랑일지 모르지만 세상을 모르고 시대를 모르고 요즘의 트렌드를 모르기 때문에 실패를 하고 만 것이다. 시대의 흐름을 모르고서는 성공을 붙잡을 수 없다.

요즘 뜨고 있는 직업 중의 하나가 카피라이터다. 그들은 광고에서 문안이나 문구를 만든다. 겉으로 보기에는 그저 문장력만 있으면 아무나 다 할 수 있을 것 같지만 사실 그렇지도 않다. 훌륭한 카피라이터는 작문가가 아니라 컨셉추얼리스트Conceptualist여야 한다. 다시 말해서 제품의 구매자나 소비자들이 어떤 가치관을 갖고 있고 그들의 라이프 스타일은 어떤지 파악해야 하며, 시대의 유행이나 흐름을 한 발 앞서 예측해야 한다. 소비자의 심리 상태나 본능을 모르고 좋은 카피, 팔리는 카피는 탄생할 수 없다.

시대의 흐름을 파악하고 예측하기 위한 방법으로 뭐가 있을까? **시사 주간지와 경제 신문, 그리고 패션 잡지가 제격이다.** 아무리 정치 상황이 가관이라지만 무관심해선 안 된다. 한 나라의 법과 규칙은 정치를 통해 만들어지고 개정되고 사라지기 때문이다. 사업을 하든 투자를 하든 부동산을 하든 모든 것이 정치와 맞물려 있다. 손해 보지 않고 성공하려면 시사 주간지를 보며 정치 상황을 예의 주시해야 한다. 물론 경제 신문도 구독하면 금상첨화다. 돈을 밝히는 사람이 아니라 돈에 밝은 사람이 되어야 한다. 아울러 패션 잡지도 간간이 봤으면 한다. 신세대의 트렌드와 생각을 엿볼 수 있다. 요즘 유행하는 패션이 뭐고 뜨는 가수가 누구고 많이 회자되는 유행어가 뭔지 정도는 알아야 한다. 그래야 사람들과 어울려 대화할 수 있고 시대에 뒤처진 사람이 아니라는 이미지를 남들에게 심어줄 수 있다.

나이가 많든 적든 돈이 많든 적든 능력이 있든 없든 늘 그 시대의 중심에 있어라. 그래야 그 시대의 주인이 될 수 있고 그 시대를 이끌어가는 주역이 될 수 있고 젊고 활기차게 살 수 있다.

Chapter 37

외모를 가꾸고
몸매를 만들어라

두 명의 트레이너가 있다. 한 명은 몸짱이다. 어깨는 역삼각형이고 배에 초콜릿 같은 복근이 있고 엉덩이 또한 힙업이 된 완벽한 몸매다. 또 다른 한 명은 좁은 어깨와 좀 민망할 정도로 나온 배, 그리고 축 처진 엉덩이를 가진 몸꽝 트레이너다.

당신이 본격적으로 헬스를 하려고 한다. 어떤 트레이너에게 배우고 싶은가? 사실 이 질문은 하나 마나다. 당연히 몸짱 트레이너에게 배우고 싶을 것이다. 그래야 몸짱 트레이너처럼 자기 자신도 조각 몸매가 될 테니까.

아무리 몸꽝 트레이너가 실력이 뛰어나다고 해도 이미 보여지는 이미지 때문에 그 실력은 제대로 인정받지 못하고 오히려 실력 없는 사람으로 인식된다.

다시 말해서 몸매나 얼굴, 의상, 화장 등 보여지는 모습이 자기 이미지를 만든다. 외모가 전부는 아니지만 그렇다고 무시해버릴 수도 없는 중요한 부분이다.

외모가 업무력에 미치는 영향이 있다고 조사 결과도 나온 적이 있다.

한 조사 기관이 직장인 1632명을 대상으로 이런 질문을 했다.

"비만과 업무 능력이 관계가 있다고 생각하는가?"

무려 92%가 그렇다고 대답했다.

"외모가 뭐가 중요해."

"좀 뚱뚱하면 어때. 괜찮아."

외모적으로 처지거나 뚱뚱한 사람을 보며 이렇게 위로하지만 정작 마음속으로는 '저렇게 자기 몸도 제대로 관리 못 하는데 일은 제대로 하겠어?'라고 생각한다는 것이다.

사실이 그렇다. 뚱뚱한 사람을 보면 일단 게으르고 둔하고 미련하고 매사에 소극적일 거라고 미리 판단해버린다. 그렇지 않을 수 있음에도 보이는 모습에 따라 그렇게 단정하는 것이다.

만약 당신이 뚱뚱한 몸매를 가졌다고 치자. 당신의 능력이 100인데 단지 뚱뚱하다는 이유만으로 다른 사람은 당신의 능력을 70 정도로 보는 것이다. 그러면 당신에게 올 기회도 타인에게 돌아가게 되고,

당신은 점점 의기소침해져서 그나마 갖고 있던 능력 100도 점점 줄어들 것이다. 이 얼마나 억울한 일인가. 이 억울한 일을 계속해서 당하고 싶진 않을 것이다. 그렇다면 어떻게 해야 할까. 당연히 운동을 해서 보기 좋은 몸매를 만들어야 한다. 좋은 몸매를 갖추면 이미지가 급격하게 좋아진다. 그리고 무엇보다도 좋은 것은 자기 자신이다. 일단 성취감을 느낄 것이다. 그리고 매사에 자신감이 생기고 스트레스는 줄고 마음의 안정을 얻을 수 있다. 보너스로 건강까지 챙길 수 있다. 그뿐만이 아니다. 적당한 근육과 탄력적인 몸매는 이성에게도 매력적으로 보인다. 얼마나 행복한 일인가.

운동을 할 때 처음부터 무리하면 안 된다. 괜히 운동량을 무리하게 정해서 며칠도 못 가고 끝나면 안 하느니만 못하다. 처음에는 가볍게 시작해라. 빠르게 걷기와 같이 손쉽게 할 수 있는 운동부터 시작하여 서서히 단계를 높이는 게 좋다. 그리고 무엇보다도 지속성이 중요하다. 일주일에 두세 번은 시간을 정해놓고 최소 30분 이상 운동을 해야 효과가 있다. 운동을 시작하면 분명 당신의 생활 습관도 바뀌게 될 것이다. 술도 자제하게 되고 스트레스도 예전보다 훨씬 더 줄어들고 밥맛 또한 좋아질 것이다. 그리고 무엇보다 게으르고 둔하고 미련해 보인다는 소리를 더 이상 듣지 않아도 되니 자신감이 충만해질 것이다. 몇 달 후 멋진 몸매를 가질 당신을 기대해본다.

투자력

Chapter 38

현재의 만족을 버리고
비전을 가져라

사는 동안 꿈이 없다면 얼마나 허전하고 지루할까? 아무리 엄청난 부를 축적하고 명예가 있고 권력이 있다고 해도 꿈이 없다면 그 사람은 가난한 사람이고 불쌍한 사람이다.

그러나 꿈과 비전이 있는 사람은 어둠 속에서도 반짝반짝 눈이 빛나고 파도 속에서도 흔들림이 없고 미끄러운 눈길 위에서도 넘어지지 않고 질주할 수 있다. **불가능을 가능하게 만들고, 지금은 작고 초라하지만 언젠가는 위대해질 거라는 확신을 가지게 하는 힘은 바로 꿈과 비전이다.**

손정의

손정의(1957~)가 스물네 살이 되던 1981년, 그는 소프트웨어 분야에 자신의 인생을 걸기로 마음먹었다. 그리고 '소프트뱅크'라는 회사를 설립했다.

"그래, 지금은 보잘것없는 회사이지만 머지않아 세계에서 주목받는 그런 멋진 회사로 키울 거야."

그는 먼저 일을 함께할 직원을 뽑기로 했다. 며칠 후 두 명의 직원이 회사에 출근했다. 그는 직원들에게 자신의 꿈과 비전을 밝히고자 했다. 그래서 개업하는 날에 사과 상자 위에 올라서서 회사의 비전을 사자후를 토하듯 외쳤다.

"지금은 직원 두 명이 전부인 작고 초라한 회사이지만 저는 이 회사를 소프트웨어 시장의 독보적인 존재로 키우겠습니다. 지금부터 비전을 매출액으로 구체적으로 말하겠습니다. 5년 안으로 매출액 100억, 그리고 10년 후에 500억 매출을 달성하겠습니다. 저를 믿고 따라주십시오."

그의 연설이 끝나자 두 명의 직원은 서로의 얼굴을 보며 키득댔다.

"저 사람 혹시 정신병자 아니야?"

"그러게 말이야. 이 회사 못 다니겠네."

얼마 되지 않아 두 명의 직원은 회사를 그만두었다.

그가 정신병자 취급을 받을 만큼 회사의 비전은 거창하고 놀라운 것이었다. 그러나 그는 자신이 내세운 회사의 비전을 수정하지 않았다.

"기필코 해낼 거야. 나에게 이런 꿈마저 없다면 나는 아무것도 아니야."

30년이라는 세월이 흘렀다. 그는 현재 일본에서 다섯 손가락 안에 드는 대부호이자 전 세계에 100여 개의 지주회사와 자회사를 둔 대그룹의 CEO가 되었다. 가진 것 없고 도와주는 이 없었지만 그의 원대한 꿈과 비전이 결국 세계를 주름잡는 최고의 경영자로 만든 것이다.

테드 터너

테드 터너(Ted Turner : 1938~)는 어릴 적 꿈이 참 많은 아이였다.

"아빠, 저는 커서 세계적인 사람이 될 거예요. 에디슨이나 알렉산더 대왕처럼요."

"그래그래. 꼭 그런 사람이 되렴."

테드 터너는 옥외광고 사업을 하는 아버지에게 종종 자신의 꿈에 대해 말했다. 그럴 때마다 아버지는 격려하며 꼭 그렇게 될 거라 용기를 주었다.

어느덧 그는 청년이 되었다. 대학교를 그만두고 그는 아버지의 사업을 도왔다. 그런데 사업이 잘 풀리지 않아 큰 빚을 지게 되었다. 빚은 눈덩이처럼 불어났고, 결국 아버지는 경영난을 비관하여 권총 자살을 하고 말았다.

테드 터너에게는 참으로 충격적인 일이었다. 늘 자신에게 꿈과 용기를 심어주었던 아버지가 하루아침에 사라진 것이다. 그러나 그는 슬픔을 오래 끌지 않았다. 자신의 꿈을 이뤄 보란 듯이 아버지에게 보여주고 싶었다.

그는 옥외광고 사업보다는 방송 사업이 전망이 있다고 보고 그것에 자신의 미래를 걸기로 했다. 그래서 1980년 6월 그는 세계 최초의 24시간 뉴스 채널인 CNN을 설립했다.

"나는 어제의 일을 중계하는 뉴스가 아니라 지금 이 순간에 일어나는 일을 생중계할 거야."

주위 사람들은 그 사업은 성공하지 못할 거라고 비아냥거렸다. 그러나 그는 흔들리지 않았다. 꿈이 있는 한 가능성이 있고 도전하는 한 실패는 없다고 생각했다. 그의 꿈은 곧 현실이 되었다.

1989년 중국 천안문사태 때도, 1991년 걸프전이 터졌을 때도, 2003년 이라크전이 발생했을 때도 CNN은 그 상황을 실시간으로 생중계했다. 마침내 테드 터너가 이끄는 CNN은 세계 최고의 뉴스 채널이 되었고 현재 1천 명이 넘는 특파원을 세계 각지에 파견할 만큼 엄청난 규모로 성장했다.

박효남

박효남(1961~)은 어려운 가정 형편으로 인해 고등학교에 진학하지 못했다. 한때는 자신이 처한 상황에 방황도 하고 슬퍼도 했지만 곧 정신을 차렸다.

"그래, 이건 어쩌면 다른 삶을 살 수 있는 기회일지도 몰라."

어느 날 '요리 학원'이라고 적힌 간판이 그의 눈에 들어왔다. 그 순간 그의 가슴속에서 강렬한 무언가가 타올랐다. 바로 꿈이었다.

그는 요리 학원에 등록해 요리를 배우기 시작했다. 아침부터 저녁까지 손에서 칼을 놓지 않았다. 손은 상처투성이였으나 그는 아픈 줄 몰랐다. 자신의 꿈을 향해 한 걸음 한 걸음 걸어간다는 것이 참으로 행복했다.

그의 성실함과 노력은 좋은 기회를 만들었다. 하얏트호텔의 주방 보조로 취직을 하게 된 것이다. 거기에서도 그는 프로 정신을 발휘했다. 그는 남보다 두 시간 더 일찍 출근했다. 앞서 나가기 위해선 남들보다 더 많은 시간을 투자해야 한다는 걸 잘 알았다. 그리고 그는 외국 요리에도 관심이 많았다. 그러나 언어가 문제였다. 그는 밤에는 영어 학원을 다니며 어학 실력도 쌓았다. 또한 최고의 미각을 유지하기 위해 담배와 술을 끊었다. 그의 노력은 점점 빛을 보기 시작했다. 세계의 각종 요리 대회에서 입상을 했고 마침내 그가 간절히 바라고 꿈꿔왔던 서울 힐튼호텔의 총주방장Executive Chef에 오를 수 있었다. 꿈을 향한 그의 프로 근성이 모든 것을 가능하게 만든 것이다.

Chapter 39

현미경이 아닌
망원경을 가져라

물통을 짊어지고 가는 두 청년이 있었다. 두 청년은 강에서 기른 물을 마을 사람들에게 제공하며 일정량의 돈을 받았다.

그러던 어느 날 키 작은 청년이 키 큰 청년에게 말했다.

"물통을 나르는 건 너무 힘든 일이야. 그러니 우리 이렇게 하세. 강과 마을을 잇는 파이프라인을 만드는 거야. 그럼 지금보다 더 쉽게 돈을 벌 수 있어."

"지금처럼 물통에 나르면 되는 걸 뭐하러 그런 일을 해? 하려면 자네나 하게."

키 작은 청년은 물 나르는 걸 멈추고 파이프 작업을 하기 시작했다. 작업은 참으로 더디게 진행되었지만 파이프는 조금씩 연결이 되고 있었다. 그러는 사이, 키 큰 청년은 물통을 나르며 차곡차곡 돈을 모았다.

그렇게 1년이 흘렀다. 마침내 키 작은 청년이 강과 마을 사이를 파이프로 연결했다. 키 작은 청년은 파이프를 통해 커다란 물탱크에 물을 쉽게 담았다. 그리고 그 물을 마을 사람들에게 팔았다. 앉아서 돈을 버는 셈이었다. 그러나 키 큰 청년은 여전히 무거운 물통을 짊어지고 물을 날랐다. 키 큰 청년은 한숨을 내쉬며 중얼거렸다.

"그때 나도 같이 파이프 작업을 했더라면 지금처럼 고생하지 않을 텐데……."

눈앞의 달콤한 유혹에 정신이 팔려 미래를 놓쳐서는 안 된다. 미래를 놓치면 곧 남들에게 뒤처지고 그로 인해 큰 패배감을 느끼게 될 것이다. 결국은 마음도 인생도 상처를 입게 된다. 현미경으로 눈앞의 것만 바라보지 말고 망원경으로 멀리 보면서 살아야 한다.

당신이 테니스장의 코트 선을 긋는 사람이라고 치자. 바로 눈앞만 보며 선을 그으면 그 선은 비뚤배뚤해진다. 그러나 멀리 보면서 선을 그으면 반듯하게 그을 수 있다.

멀리 보는 것, 보이지 않는 것도 바라보는 것, 그게 바로 비전이다.
비전을 갖고 자기 발전을 꾀해야 한다. 아무런 노력도 없이 '나의 미래는 좋을 거야' 하고 막연한 기대를 갖지 마라. 그건 감나무 밑에서 입을 벌린 채 누워 감 떨어지길 기다리고 있는 거나 똑같다. 물론 당장 성과가 드러나지 않는 미래를 위해 시간과 열정을 투자한다는 건 그리 쉬운 일은 아니다. 고통이 따르기 마련이다. 그렇지만 더 높은 비상을 위한 발 구르기라고 생각해라.

당신이 비전의 모델로 삼을 만한 인물이 있다. 반기문 UN 사무총장이다. 그는 뉴욕의 UN 본부에서 일등 서기관으로 근무하던 시절, 영어 실력이 유창했지만 그것으로 만족하지 못했다. 더 넓은 세상으로 나아가기 위해선 프랑스어도 배워야 함을 깨달았다. 바쁜 일정 때문에 따로 시간을 낼 수 없어서 그는 점심시간을 이용해 프랑스어를 공부했다. 그때 공부했던 프랑스어는 훗날 요긴하게 쓰이게 된다. UN 사무총장 선거 때 프랑스어가 적지 않게 도움이 된 것이다.

리처드 바크가 지은 『갈매기의 꿈』을 보면 이런 대목이 나온다.

다른 갈매기들은 먹이를 찾아 해변으로 나갔다가 다시 돌아오는 일 이상의 것에는 신경 쓰지 않았다. 그들이 중요하게 여기는 것은 나는 것이 아니라 먹는 것이었다. 하지만 조너선에게는 먹는 것이 아니라 나는 것이 더 중요했다. 무엇보다도 그는 나는 것을 사랑했다.

당신에게도 분명 날개가 있다. 당신이 날겠다고 맘을 먹고 도움닫기를 하면 하늘을 훨훨 날 수 있다. 그러나 고개를 숙인 채 땅에 떨어진 모이만 주워 먹는다면 그 날개는 점점 퇴화될 것이다.

　미래를 향해 날개를 펴라. 현미경은 버리고 망원경을 옆구리에 차라. 지금 마냥 이러고 있을 때가 아니다. 영어 학원 새벽반을 다니든지, 업무에 도움이 되는 서적을 사서 펼쳐보든지, 그것도 아니라면 회식 때 분위기 띄우는 법을 습득한다든지, 취업을 준비하는 사람이라면 아주 멋들어지게 자기소개서를 작성한다든지, 나를 알리는 홍보물을 제작한다든지……. 아무튼 자기 발전을 위한 생존 전략을 연구하고 투자해야 한다. 10년 후에도 계속해서 그 자리에 머물 순 없지 않은가.

Chapter 40

똑똑한
생존자가 되어라

이 시대를 살아가기 위해서 우리는 갖춰야 할 게 참으로 많다. 일을 할 수 있는 직장, 변화를 감지하는 예지력, 성공에 대한 열망, 대인 관계에 대한 자신감, 사업을 시작하기 위한 최소한의 자본 등. 그러나 그 무엇보다도 기본적이면서도 절실히 필요한 게 있다. 바로 '지식'이다.

"아는 것이 힘이다"라는 말이 있듯 아는 사람만이 남보다 앞서 나갈 수 있고 이 시대를 이끌 수 있으며 중심에 설 수 있다. 아는 것이 없다면 남들에게 인정받기는커녕 무시당할 수 있고 위기 상황 앞에 그 문제점을 해결할 만한 현명한 판단력이나 응용력이 부족하여 안절부절못한다. 지식은 문제를 해결하는 능력이며 또한 발전할 수 있는 기반이 된다.

현대 경영학의 창시자로 불리는 피터 드러커(Peter Ferdinand Drucker : 1909~2005)는 오래전부터 지식사회의 도래를 예견했고 지식을 가진 자가 이 사회를 이끄는 주역이 될 거라고 말했다.

지금 어떠한가? 반도체나 컴퓨터, 나노 기술 등 그 분야의 전문적인 지식이나 기술을 가진 자가 세상의 주류가 되었고 점점 그들의 파워는 커져만 가고 있다.

가진 게 좀 부족하다고 해도, 인맥이 그리 탄탄하지 않다고 해도 남들과 차별화되는 전문적인 지식이 있다면 그것만큼 강한 경쟁력은 없을 것이다. 지식이 경쟁력이고 성공적인 열매를 얻을 수 있는 좋은 씨앗이다.

피터 드러커는 지식이 지닌 특성을 다음과 같이 역설했다.

- 돈보다 빠른 게 지식이다. 물론 돈도 이곳저곳 맘대로 흘러갈 수 있지만 지식은 훨씬 더 쉽사리 돌아다닐 수 있다. 국경이 없다.
- 배우고자 한다면 정규 교육은 물론 특별 교육을 받을 수 있다. 또한 전문적인 지식은 신분 상승도 가능하게 만든다.
- 자기 분야에 지식이 많은 자는 더 이상 '종업원'이 아니라 '전문가'로 불릴 수 있으며 그에 상응하는 대우를 받을 수 있다.

피터 드러커가 말했듯 지식은 보이지는 않지만 가장 강력한 힘이다. 미래학자이며 세계적인 베스트셀러 작가인 앨빈 토플러(Alvin Toffler : 1928~)도 지식 습득이 얼마나 중요한지를 그의 저서 『부의 미래』 청소년판에서 이렇게 말했다.

예나 지금이나 부를 만들어내기 위해서는 항상 어떤 지식이 필요했다. 원시인들은 사냥을 하기 위해 동물들이 어떻게 이동하는지 알아야 했고, 농부는 농사일에 대한 지식이 있어야 했다. 또 공장 노동자 역시 빠르고 안전하게 일하기 위한 기계 작동법을 알아야 했다. (중략) 현대인들은 늘 새로운 지식을 더 빨리, 더 많이 배워야 한다. 학교를 졸업한 후에도 죽기 전까지는 끊임없이 학습을 해야 하는 것이다. 그러나 우리는 그 모든 지식을 다 배울 수도 없고, 엄청난 속도로 불어나는 지식을 다 활용할 수도 없다. 하지만 지식을 다루는 능력에 따라 개인이나 조직의 격차는 엄청나게 벌어지고 있다. 비약적으로 발전하느냐, 도태되느냐가 지식에 의해 좌우되고 있는 것이다.

지식은 약점을 덮어주고 강점을 개발하게 하며 최고의 생각을 끌어내고 최고의 판단을 내릴 수 있는 능력을 가지게 하고 치열한 경쟁 사회에서 생존할 수 있도록 하는 덕목이다. 아울러 지식인이 된다는 건 세상의 흐름에 적응하는 것이며 또한 앞서 가는 길이며 인간의 의무이자 도리이기도 하다. **우리 인간은 어디까지나 완벽한 존재가 아니기 때문에 평생을 두고 배워야 하는 것이다.**

이런 말이 있다.

"소년 시절에 배워두면 장년 시절에 유용하고, 장년 시절에 배워두면 늙어도 쇠하지 아니하며, 늙어서 배워두면 죽어서도 썩어 없어지지 않는다."

이처럼 배우고 공부하는 건 참으로 훌륭한 일이다. 그러나 그 지식을 머릿속에만 담아둔다면 그건 죽은 지식이나 다름없다. 산 지식만이 진짜 지식이다. 지식을 적재적소에 사용할 줄 아는 실천력도 반드시 가져야 한다.

실천 없는 지식인과 좀 안다고 우쭐대는 자들에게 세계적인 전자제품 제조 업체인 소니사를 공동 설립한 소니 회장 모리타 아키오(盛田昭夫 : 1921~1999)는 이렇게 경고했다.

"아는 게 너무 많으면 창의력을 방해할 수 있다. 또한 어설프게 알면서 다 아는 것처럼 군다면 그것만큼 위험한 건 없다. 장사에서 지레짐작하는 것이 곧 망하는 길이다."

어설픈 지식과 실천 없는 지식이 오히려 독이 되는 법이다. 이왕 공부하고자 한다면 그 분야에서 최고가 될 때까지 부단히 학습하고 파고들어라. 그리고 그 지식을 활용하여 더 나은 미래와 더 나은 세상을 만드는 데 일조해라. 그게 배운 자들의 몫이기도 하다.

한 회사의 정기 주주총회가 열렸다. 주주들과 직원들은 이미 행사장 안에 있었다.

잠시 뒤 이 회사의 대표가 모습을 드러냈다. 행사장은 갑자기 술렁이기 시작했다.

"정말이야? 그만둔다는 게 사실이야?"

"그럼 앞으로 이 회사는 어떻게 되는 거지?"

"왜 그런 결정을 한 거야?"

대표는 단상에 올라가 주주들과 직원들에게 정중히 인사했다. 그리고 마이크를 잡고 입을 열었다.

"먼저 주주님들께 말씀드리겠습니다. 그동안 저희 회사와 저를 믿고 늘 아낌없는 성원과 격려를 해주신 것에 대해 너무나 감사드립니다. 그리고 직원들께도 감사드립니다. 저의 힘으로는 이렇게 사업을 키울 수 없었습니다. 열심히 일한 직원들 덕분에 지금의 제가 있고 지금의 회사가 있을 수 있었습니다."

그의 인사말이 끝나자, 곧바로 주주 중에 한 사람이 대표에게 질문했다.

"대표직을 사임한다는 것이 사실인가요? 그렇다면 사임하는 이유가 뭔가요?"

사실 주주들은 그가 대표직을 계속 맡았으면 하는 바람이었다.

그는 미소 지으며 답변했다.

"저는 10년간 이 회사를 이끌었습니다. 그리고 지금 이 자리에서 명예로운 퇴진을 하고자 합니다. 사임을 하는 건 사실입니다. 주주님들께는 송구스럽고 죄송한 일입니다. 그러나 지금 제가 대표직을 그만둔다고 해도 이 회사는 절대 흔들리지 않습니다. 우리 회사는 기반이 탄탄하고 또한 우수한 재능을 가진 직원들이 여전히 남아 있습니다. 그들이 저 대신 잘 이끌어 갈 것입니다."

대표 사임이 기정사실이 되자, 행사장은 또 한차례 술렁이기 시작했다. 작은 벤처기업을 성공한 기업으로 만든 창업주가 자진해서 대표직을 그만두겠다는 건 흔하지 않은 일이기 때문이었다.

그는 진지한 표정으로 이어 말했다.

"대표직을 사임하라고 누가 내게 말한 적도 없습니다. 또한 저도 사람인지라 대표직을 천년만년 유지하고 싶은 욕심도 있습니다. 그러나 저는 미래를 위해 결단을 내렸습니다. 제가 사임을 하는 이유는 다른 게 아닙니다. 바로 '공부'를 하기 위해서입니다. 공부만이 미래를 위한 최고의 투자라고 생각합니다. 늦은 나이지만 저의 배움이 분명 주주님들과 직원들에게 도움이 될 거라 믿습니다."

결국 그는 대표직을 사임했고 그로부터 몇 달 후, 새로운 도전을 위해 미국행 비행기를 탔다.

그는 실리콘밸리의 벤처캐피털 등에서 일하며 현장 감각을 익혔고, 펜실베이니아대 와튼스쿨에서 경영학 석사과정MBA에 입학했다.

사실 방문 연구원 자격으로 가면 좀 쉬엄쉬엄 공부해도 된다. 그러나 그는 어려운 길을 선택했다. 이왕 공부하기로 작정하고 왔으니 제대로 하고 싶었다. 마흔이 넘은 나이에 토플 시험을 보고 교수님이 내준 과제를 밤새워 하기도 했다.

가끔씩 지인들을 만날 기회가 있으면 지인들은 그에게 이렇게 말했다.

"공부도 좀 쉬어가면서 해야지. 우리 이번 주말에 골프나 치러 갈까?"

"나도 그러고 싶은데 그럴 수 없네. 골프채를 한번 잡으면 공부하겠다는 내 마음이 흔들릴지도 몰라서 그래. 미안하네. 공부를 다 마친 다음에 하세."

그는 골프는 물론 술자리에도 될 수 있는 대로 참석을 하지 않았다. 그리고 주말에는 서재에 틀어박혀 책 읽기에 열중했다.

그는 이번이 공부할 수 있는 마지막 기회라 생각했다. 몇 년만 지나면 돋보기를 써야 할 나이가 될 것이기 때문이었다.

그는 공부하면서 자신의 지식이 참으로 부족하다는 걸 반성했고 또한 배울 것이 무궁무진하다는 것도 깨달았다. 그렇게 2년이라는 시간이 흘러 그는 마침내 다시 한국으로 돌아왔다.

그가 바로 컴퓨터 바이러스 백신 개발자이며 안철수연구소의 대표이사직을 지낸 컴퓨터 의사 안철수다. 현재 그는 KAIST 경영대학원에서 석좌교수직을 맡고 있다.

안철수는 다소 많은 나이에, 그리고 탄탄한 회사의 대표직을 사임하면서까지 왜 다시 공부를 하고자 했을까? 그건 바로 공부만이 결국 미래를 위한 최고의 투자이며 인생을 더욱 값지게 만드는 일이기 때문일 것이다.

지금 당신은 미래를 위해 무슨 공부를 하고 있는가? 무엇을 투자하고 있는가?

Chapter 41

책과
깊은 사랑에 빠져라

지식을 얻기 위한 방법은 다양하다. 성공한 사람이나 인생을 많이 산 선배, 지혜로운 친구와 대화를 나누는 방법도 있겠고, 여행이나 현장 경험을 통해 직접 지식을 얻을 수도 있겠고, 아니면 독서를 통할 수도 있을 것이다. 이런 방법들 중에서 가장 쉽고 또한 가장 효과적인 방법은 단연 독서다. 독서는 일단 다른 것들에 비해 비용이 적게 든다. 아울러 책을 읽는 동안 뇌를 활성화시켜주고 사고력은 물론 사색의 시간까지 준다.

독서는 여러모로 많은 도움이 된다. 그러나 안타깝게도 책을 읽지 않는 젊은이들이 있다.

구인구직 포털 알바몬은 대학생들을 상대로 독서에 관한 설문 조사를 했다. 대학생들의 월평균 독서량은 3.52권으로 나타났다. 그런데 "한 달에 두 권 이하를 읽는다"라는 응답이 무려 전체의 47.9%에 달했고, 대학생 10.2%는 "한 달에 한 권도 읽지 않는다"라고 응답했다.

물론 책이 아니더라도 컴퓨터를 통해 좋은 정보를 얻을 수 있고 책보다 더 재미있는 일들이 많을 수 있다. 그러나 분명 20대는 책과 가장 친해야 하는 시기다. 책은 불안한 미래를 벗어날 수 있게 하고 새로운 희망을 갖고 도전할 수 있는 힘을 주기 때문이다.

20대 대부분은 부와 성공을 꿈꿀 것이다. 그렇게 되기 위해선 부자나 성공한 사람들의 습관을 따라 할 필요가 있다. 그들의 두드러지는 습관 중 하나는 바로 그들은 모두 독서광이라 할 정도로 독서를 즐긴다는 점이다.

독일의 물리화학자 오스트발트(Friedrich Wilhelm Ostwald : 1853~1932)는 성공한 사람들의 공통점은 바로 긍정적 마인드와 독서라고 강조했다. 이처럼 독서는 성공을 결정하는 중요한 요소임에 틀림없다.

독서광인 워런 버핏은 스무 살도 되기 전, 이미 투자 관련 서적을 수백 권이나 읽었다. 또한 지금도 그는 책과 함께 하루를 시작하고 하루를 마감한다. 그는 얼마나 책 속에 파묻혀 사는지 자신의 하루 일과를 소개했다.

"나는 아침에 일어나면 곧바로 사무실로 향합니다. 그리고 자리에 앉자마자 책을 읽기 시작합니다. 그리고 여덟 시간 동안 업무를 봅니다. 그리고 책을 들고 다시 집으로 갑니다. 저녁 식사를 하고 책을 봅니다. 그리고 가끔 전화도 합니다."

업무를 보는 시간을 제외한 나머지 시간을 그는 독서로 채우고 있다. 그가 여전히 세계 최고의 부자이면서 투자의 전설로 불릴 수 있는 저력은 바로 책 속에서 얻은 지식과 지혜에 있었던 것이다.

세계 최고 비즈니스 우먼이며 최고의 방송인이라는 찬사를 받고 있는 오프라 윈프리(Oprah Gail Winfrey : 1954~), 그녀 역시 독서광이다. 그녀에게 만약 책이 없었다면 지금의 그녀는 존재하지 않았을 거라 해도 과언이 아니다.

그녀의 어릴 시절은 그야말로 칠흑처럼 어둡고 우울했다. 아홉 살 때 사촌 오빠로부터 성폭력과 학대를 당했고 열네 살 때는 미혼모로 사생아를 출산했다. 그리고 한때 마약에 빠지기도 했다. 그런 진흙탕 속에서 다시 희망을 믿고 재기할 수 있었던 건 바로 책의 힘이었다. 책을 접하면서 그녀는 지난날의 상처와 아픔을 위로받을 수 있었고, 또한 혼란스러웠던 가치관도 새롭게 정립할 수 있었다. 무엇보다도 희망을 버리지 않는 한 꿈을 이룰 수 있다는 믿음을 배웠다. 그녀에게 있어 책은 성공과 희망과 기쁨으로 가는 문이었다.

송나라 유학자 구양수는 '삼상지학三上之學'이라 하여 말을 타고 이동하는 중에도, 잠자리에 들기 전에도, 화장실에 앉아 있을 때도 책을 손에서 놓지 않았다고 한다.

사실 책만큼 휴대하기 좋은 것도 없다. 장소를 불문하고 어느 곳이든 다 어울린다. 특히 요즘은 손바닥만 한 핸디북도 있어 더더욱 휴대하기 편해졌다. 직장이나 학교를 오가는 중이나 친구나 애인을 기다리는 동안 자투리 시간에 책을 보면 그 시간이 아깝지 않고 되레 황금 같은 시간이 될 것이다. 자투리 시간만 잘 활용해도 일주일에 책 한 권은 너끈히 읽을 수 있다.

책을 읽자. 꼭 성공을 위해서, 부자가 되기 위해서가 아니라 **내 마음을 살찌우고 내 마음을 위로하고 내 마음을 다스리기 위해, 나 자신의 행복하고 아름다운 인생을 위해 책을 펼치자.** 굳이 가을이 아니어도 좋다. 새록새록 꽃봉오리가 올라오는 봄에도, 매미 소리 울려대는 여름에도, 눈 덮인 겨울에도 여유로운 마음으로 책과 연애를 하자. 그러는 사이, 어느새 성공과 부는 자연스럽게 당신의 옆자리에 앉아 있을 것이다.

Chapter 42

미래 경제를 보는
혜안을 가져라

세계적인 부자이며 투자가인 워런 버핏은 기다림의 달인이다. 그는 자기가 갖고 있는 주식의 가치가 크게 떨어졌다고 해서 섣불리 주식을 팔지 않는다. 언젠가는 다시 제값을 찾고 더 나아가 더 큰 가치로 점프할 거라고 믿는다. 그런 믿음이 있기에 조급해하지도 않고 여유로운 마음으로 기다린다. 워런 버핏은 이렇게 말한 바 있다.

"나는 야구를 무척 좋아합니다. 그렇다고 야구 선수가 되고 싶진 않습니다. 다시 태어나도 투자자가 될 겁니다. 그 이유는 투자가 야구보다 훨씬 더 쉽기 때문입니다. 투자는 스윙을 할 필요가 없습니다. 삼진 아웃이 되어도 운동장을 나갈 필요가 없습니다. 그저 볼이 스트라이크존에 들어오는지, 아니면 벗어나는지를 관찰하기만 하면 됩니다. 그리고 가만히 앉아서 좋은 공이 들어오기만을 기다리면 되는 거죠. 이처럼 투자는 야구보다 훨씬 쉽습니다."

물론 워런 버핏이 기다림 대신 조급함으로 실패를 본 경우도 있다.

그가 열한 살 때, 그는 한 주에 37달러 하는 '시티스서비스'라는 회사의 주식을 세 주 샀다. 그런데 그 주를 사자마자 갑자기 그 회사의 주가가 27달러로 떨어지고 말았다. 그는 가슴 졸이며 안절부절못했다. 그런데 며칠 후, 또 갑자기 40달러까지 회복했다. 그는 이때다 싶어 다시 떨어지기 전에 황급히 그 주식을 팔았다. 그래서 9달러를 벌수 있었다. 그러나 문제는 그 다음이었다. 얼마 후에 시티스서비스의 주식이 200달러까지 치솟는 기염을 토했다. 그는 아쉬움에 눈물을 흘렸다. 조금만 더 기다렸으면 더 큰 이익을 볼 수 있었는데 조급한 마음 때문에 별 재미를 보지 못했던 것이다. 조금의 이익을 얻긴 했지만 그는 그것을 생의 첫 실패로 받아들였다. 이 실패를 통해 그는 중요한 사실을 깨달았다. 주식 투자에 있어서 최고의 승률을 올리기 위해선 인내를 갖고 기다릴 줄 알아야 한다는 사실을.

1994년 4월의 일이다.

투자 회사 '버크셔해서웨이'의 회장인 워런 버핏은 코카콜라의 주주총회에 참석하고자 서둘러 델라웨어 주 윌밍턴으로 갔다. 그가 그

곳에 참석하는 이유는 코카콜라의 최대 주주였기 때문이다.

그러나 여느 때와 달리 주주총회의 분위기는 그리 밝지 않았다. 지난해에 비해 매출 성적이 좋지 않았기 때문이다. 주가도 마찬가지였다. 한때 89달러까지 치솟았던 주가가 59달러로 급격히 추락했다. 워런 버핏으로서는 천문학적인 손해였다. 그러나 워런 버핏은 태연했다. 주주총회를 마치고 기자들이 그에게 질문을 쏟아부었다.

"코카콜라의 주가가 많이 떨어졌습니다. 최대 주주로서 지금 심정이 어떻습니까?"

"주식을 팔지 않을 건가요?"

"혹시 후회하고 있는 건 아닌가요?"

워런 버핏은 단호하게 말했다.

"나는 코카콜라 주식을 10년 후에도 갖고 있을 겁니다. 그리고 30년 후에도 여전히 갖고 있을 겁니다."

그는 절대로 현재의 상황만으로 판단하지 않았다. 또한 눈앞의 이익이나 손해에 대해서 호들갑을 떨지도 않았다. 자신의 선택을 굳게 믿었고 길게 기다려야만 승리할 수 있다는 신념에도 변함이 없었다.

오래 묵힌 술이 더 그윽하고 친구도 오랜 친구가 좋듯 재테크도 어느 정도 발효가 되어야 한다. 그래야 지금의 가치가 더 큰 가치로 발전하게 된다.

발효의 효과가 극명하게 드러나는 건 바로 '복리'다.

노벨물리학상을 받은 아인슈타인은 복리에 대해 이렇게 말했다.

"복리야말로 우주에서 가장 강력한 에너지이자 인류 최고의 발명품이다."

재테크에 관심을 갖는 건 더 이상 속물근성이 아니다. **세상을 보는 눈을 키우는 일이며 자신의 삶에 대한 준비다.** 그러니 차분한 마음으로 자신의 인생에 대해 고민해보기 바란다. 물론 앞서 말한 것처럼 '기다림'에 익숙해지길 바란다. 아울러 복리 상품에 관심을 기울이고 지금은 저평가 돼 있지만 언젠가는 큰 폭으로 상승할 가능성이 높은 우량 주식에 주목하기 바란다.

Chapter 43

돈을 배워라

대부분 사람들은 숫자에 대한 두려움이 있다. 그 이유는 뭘까? 아무래도 숫자 하면 일단 계산이나 산수, 수학이 떠오른다. 사실 산수나 수학을 좋아하는 사람은 많지 않다. 산수나 수학을 생각만 해도 머리가 아파오고 가슴 한구석이 답답해지는 사람들이 꽤 많을 것이다. 심지어 수학이 싫어서 고등학교 때 이과 대신 문과를 지원하는 학생들도 많다고 한다.

"숫자는 원래부터 나랑 안 친해."

우리는 그런 말을 내뱉으며 숫자를 밀어내려고 한다. 그러나 숫자는 우리가 아주 어렸을 때부터 우리와 익숙하고 친근했던 글자다.

실제로 미국의 신경과학자인 엘리자베스 브래논 박사는 숫자에 대한 신생아들의 반응에 대해 연구 보고서를 발표한 적이 있다.

먼저 생후 7개월의 아이 20명을 한 곳에 모아두었다. 그리고 아이들에게 여성 두 명이 "여기 봐라" 하고 말하게 했다. 그런 다음, 아이들에게 낯선 여자 두 명과 세 명이 나오는 비디오 영상 두 개를 동시에 보여주었다. 그러자 아이들은 두 비디오 중 여자 두 명이 있는 비디오 영상에 더 관심을 기울였다. 목소리와 얼굴의 숫자가 일치하지 않는 비디오는 평균 14초를 바라본 데 반해 목소리와 얼굴의 숫자가 일치하는 비디오는 평균 22초를 바라보았다. 결국 신생아들은 '하나, 둘, 셋'이란 숫자에 대한 개념을 알진 못하지만 숫자 감각Financial Sense은 천부적으로 갖고 태어난다는 것이다.

굳이 연구 보고서를 들먹인 이유는 다른 게 아니다. 우리는 어릴 때부터 숫자 감각을 타고났으니, 숫자에 대해 거부감이나 두려움을 가질 필요가 없다는 것이다. 숫자에 대한 거부감과 두려움이 없어야 돈과 좀 더 친해질 수 있고 돈 관리에 능해지고 경제와 재테크에 대해 관심을 가질 수 있다. 특히 CEO를 꿈꾼다면 숫자 감각에 탁월해야 한다. 회사의 재무 상황 및 손익분기점과 수익성 분석은 물론 어느 정도의 회계 지식도 필요하다. 앞으로는 숫자와 친해져라. 그리고 다시 한 번 말하지만 당신은 숫자 감각을 천부적으로 갖고 태어났다. 숫자에 대한 두려움이 생길 때마다 그 사실을 잊지 말고 용기를 가져라.

인류가 시작함과 동시에 화폐가 시작되었다고 해도 과언이 아니다. 물론 그때는 지금 우리가 사용하는 화폐의 형태는 아니었겠지만 분명 그에 상응하는 중개물이 있었다. 조개껍데기라든지 동물의 뼈 또는 돌멩이 등등.

처음의 거래는 물물교환 형태로 이루어졌다. 그러나 물물교환에는 불편한 점이 있었다. 물건이 무거우면 들고 다닐 수가 없었다. 그래서 생겨난 것이 화폐다. 화폐로는 앞서 말한 것처럼 조개껍데기나 동물의 뼈 등을 사용했지만 시대가 발전함에 따라 청동이나 구리 등의 금속으로 만들어졌다. 금속화폐는 부패되지 않아서 좋긴 하지만 좀 무겁다는 단점이 있었다. 그래서 그 단점을 보완하고자 종이로 된 화폐가 생겨났다. 지금은 컴퓨터 발달로 인해 전자화폐가 탄생하기에 이르렀다.

시대가 바뀌면서 화폐의 형태가 발전했듯 돈에 대한 인간의 욕망도 나날이 커지고 있다. 돈이 없으면 단 하루도 살기 힘든 세상이 되었다. 돈으로 인해 사람이 평가되고 미래가 규정되며 인생이 좌지우지된다. 돈이 사람을 움직이고 세상을 움직이고 미래를 움직인다. 그렇다면 우리는 돈을 어떻게 봐야 할까?

돈 자체가 나쁜 건 아니다. 그것을 사용하는 사람이 문제고 그것을 더 많이 갖기 위해 부정도 불사하는 욕망이 문제다.

돈의 긍정적인 측면도 있다. 일단 물질적인 풍요를 가져다준다. 또한 돈이 있으면 자립심도 키워주고 보다 더 많은 기회를 얻을 수도 있다.

돈이 부정적이든 긍정적이든 중요한 것은 분명 돈은 우리네 삶에 중요한 역할을 한다는 것이다. 그건 부정할 수 없는 사실이다. 그렇기 때문에 당신은 돈을 배워야 한다. **돈을 알아야 한다. 돈에 대한 두려움, 스트레스, 조바심에서 벗어나 돈이 주는 행복을 누려야 한다.**

세계적인 부자들은 어릴 때부터 돈에 대해 관심이 많았다. 물론 이렇게 생각하는 사람도 있을 것이다.

"어린이는 어린이다워야지. 어릴 때부터 돈이라니……."

물론 그 말도 일리가 있다. 그러나 부정적으로만 볼 게 아니다. 돈을 안다고 해서 어린이답지 않고 순수하지 않다는 건 편견이다. 긍정적인 측면에서 보자면 그들은 어릴 때부터 경제관념을 가진 앞선 경제인이다.

이제 겨우 여섯 살인 한 소년이 있었다.

어느 날 소년은 할아버지가 운영하는 식료잡화점에서 여섯 개들이 코카콜라 한 상자를 25센트에 샀다. 그리고 그것을 들고 마을 어귀로 갔다.

마을 어귀에서 대여섯 명의 아저씨들이 땀을 흘리며 열심히 일을 하고 있었다.

"덥고 목도 마른데 우리 좀 쉬었다 하지."

아저씨들이 나무 그늘에서 잠시 쉬는 사이, 소년은 아저씨들에게 코카콜라를 내밀며 말했다.

"아저씨, 더우신데 이거 하나씩 사 드세요."

"그래, 한 병에 얼마니?"

"하나에 5센트입니다."

소년은 코카콜라 여섯 개를 주고 30센트를 받았다. 코카콜라를 세트로 사서 낱개로 팔아 5센트의 수익을 올린 것이다.

소년은 거기에 그치지 않았다. 열한 살 때부터 주식에 관심을 갖기 시작했다. 그래서 매일 증권 회사의 객장에 나와 주식의 흐름을 파악했다. 그리고 그동안 모은 돈으로 그 나이에 처음으로 주식이라는 걸 샀다.

그 소년은 어른이 된 후에 더더욱 주식 투자에 관심을 가졌고 그것이 곧 자신의 삶과 비전이 되었다. 그 소년이 바로 오마하의 현인이며 투자의 귀재인 워런 버핏이다.

워런 버핏은 이렇게 말했다.

"세 살 버릇이 여든까지 간다고 했던가요. 어릴 때의 경제 교육이 평생의 부富를 좌우합니다. 돈은 어른이 되어서 번다는 생각은 잘못된 것입니다. 어려서부터 배워야 해요."

워런 버핏뿐만 아니라 애플컴퓨터를 창립한 스티브 잡스(Steven Paul Jobs : 1955~)도 어린 시절 남달랐다. 전기 제품을 다루는 솜씨가 있었던 그는 어느 날, 스테레오라디오와 헤드폰을 사서 스테레오라디오에 잭으로 헤드폰을 연결했다. 그리고 다시 그것을 되팔아 꽤 괜찮은 수익을 얻었다. 어릴 때부터 남다른 비즈니스 마인드를 가지고 있었던 것이다.

당신이 어린 시절부터 부모님이나 선생님으로부터 경제 교육을 받았다면 좋았겠지만 설령 그러지 못했다고 해서 절대로 한숨 쉴 필요 없다. 지금도 늦지 않았다. 가장 중요한 건 관심이다. 경제 신문도 읽어보고 증권 객장도 나가봐라. 그리고 돈이 생기면 저축하고 투자하기에 적합한 곳이 어디인지를 알아봐라. 그렇게 시작하면 된다. 그게 바로 당신이 부자로 가는 첫길이 될 것이다.

Chapter 44

워런 버핏의
'제1법칙'을 잊지 마라

워런 버핏이 부자가 되기 위한 수많은 원칙 중에 최고로 뽑는 제1원칙
이 있다. 그건 바로 "절대로 돈을 낭비하지 마라"이다. 그리고 제2원
칙은 "제1원칙을 절대로 잊지 마라"이다.

이처럼 워런 버핏은 부자가 되기 위해선 돈 낭비를 경계해야 한다
고 강조한다.

우리는 돈을 아껴 쓰라는 말을 어릴 때부터 귀에 못이 박히도록 들
어왔다. 그러나 생활을 하면서 그 말을 실천하고 사는 사람이 과연 몇
명이나 될까.

부자가 되려면 일단 자기 주머니에 들어온 돈은 절대로 빠져나가
지 않도록 하는 게 중요하다. 다시 말해서 저축을 하거나 그 돈을 재

투자하는 것이다. 저축을 하면 이자가 붙고 투자를 하면 다소 위험성은 있지만 더 큰 이익을 볼 수 있다.

워런 버핏은 저축이나 투자를 하려면 이왕이면 처음 시작할 때의 액수가 크면 클수록 유리하다고 말한다. 그렇기 때문에 처음부터 절약을 해야 한다는 것이다.

부자라고 해서 누구나 돈을 함부로 쓰거나 호화스러운 생활을 하는 건 아니다. 워런 버핏은 여전히 담장도 없는 집에서 살고 있으며 허름한 동네 레스토랑에서 식사를 하고 오래된 중고차를 탄다. 그러나 그 생활에 전혀 불편함을 느끼지 못한다. 어릴 때부터 검소하게 살아온 습관이 몸에 배었기 때문이다.

벤저민 프랭클린(Benjamin Franklin : 1706~1790)은 이렇게 말했다.

"가지고 싶은 게 있어도 그것을 사지 마라. 그러나 꼭 필요한 게 있으면 그것만큼은 반드시 사라. 작은 씀씀이라도 우습게 보면 안 된다. 작은 구멍이 거대한 배를 침몰시키는 법이다."

미국 남부 아칸소에서 소규모의 잡화점에서 출발해 마침내 세계 유통을 좌지우지하는 월마트를 창업한 샘 월턴(Samuel Moore Walton : 1918~1992). 그 역시 부자가 되는 첫 번째 단계를 '절약'이라고 말했다. 또한 소비자들을 위해서라도 자신과 회사가 절약을 해야 한다고 늘 강조했다.

"우리는 우리의 고객들에게 가치를 제공하기 위해 존재한다. 가치는 품질과 서비스뿐 아니라 절약도 포함된다. 우리 회사, 월마트가 1달러를 낭비하면 고객의 주머니에서 1달러를 도둑질하는 결과를 가져온다. 월마트가 1달러를 절약하면 고객이 1달러를 벌 수 있다."

그에 관한 일화가 하나 있다.

어느 날 샘 월턴을 취재하기 위해 기자들이 호텔 로비 앞에 모였다. 기자들은 샘 월턴을 시험해보기로 했다. 샘 월턴이 오는 길에 1센트짜리 동전을 떨어뜨려놓은 것이다.

잠시 뒤 샘 월턴이 탄 자동차가 호텔 앞에 멈춰 섰다. 샘 월턴은 자동차에서 내려 호텔 안쪽으로 성큼성큼 걸어오다가 갑자기 발걸음을 멈췄다. 그러더니 허리를 숙여 자기 발 옆에 놓인 1센트짜리 동전을 주웠다. 그의 행동을 보고 기자들은 세계적인 대부호가 고작 1센트 때문에 허리를 숙였다는 사실에 조금 놀랐다.

곧 기자회견이 시작되었다. 한 기자가 정중히 사과를 하며 1센트는 자기네들이 일부러 떨어뜨린 거라고 말했다. 그러자 샘 월턴은 미소지으며 돈에 대한 자신의 생각을 밝혔다.

"나는 어린 시절부터 아끼는 생활에 익숙합니다. 또한 대공황이라는 힘든 시기도 겪었죠. 작은 것 하나가 얼마나 소중한지 잘 압니다.

많은 기업가가 어느 정도 성공을 하면 돈을 물 쓰듯 하며 땅을 사들이는데 그게 바로 망하는 지름길입니다. 내가 1센트를 벌었으니 고객도 1센트를 번 것입니다."

샘 월턴이 작은 돈도 소중히 아는 사람이었다면 허름하고 낡은 물건도 소중히 알았던 사람이 있다.

바로 이승만 대통령의 부인, 프란체스카 도너(Francesca Donner : 1900~1992) 여사다. 그녀는 남부러울 것 없는 높은 위치에 있으면서도 평소 절약하고 아끼는 생활을 실천했다. 그녀는 옷이 빨리 닳는 걸 방지하기 위해 윗옷의 뒷목 부분에 헝겊을 댔으며, 구멍이 난 스타킹도 버리지 않고 다시 꿰매서 신었다. 물론 손자들의 속옷이나 양말도 기워서 입힐 정도였다.

어느 날은 낡은 면도칼을 사용하는 그녀를 보고 며느리가 말했다.

"어머니, 이제 이 면도칼은 버리세요. 날도 무뎌지고 또 날이 듬성듬성하잖아요. 새 면도칼을 사용하세요."

그러자 그녀는 고개를 내저으며 말했다.

"날이 무뎌졌어도 아직까지는 날카롭다. 연필 몇 자루는 더 깎을 수 있겠구나. 그러니 버리지 마라."

그러더니 그녀는 면도칼 위에 자신의 이름을 적은 종이를 붙여 그것을 반짇고리에 넣었다. 혹시라도 며느리가 버릴까 봐 표시해둔 것이다.

　예전에는 신용카드가 없었기 때문에 그나마 과도한 소비를 막을 수 있었는데 요즘은 그렇지 않다. 일단 갖고 싶은 물건이 있으면 돈이 없어도 카드로 저지르고 본다. 물론 그것을 갚을 능력이 된다면야 괜찮겠지만 그렇지 않은 경우는 고스란히 빚이 되고 결국 경제적으로 어려운 상황까지 이르게 된다.

　옛날 고대 그리스의 철학자 제논이 돈을 함부로 쓰는 제자를 찾아가 그를 꾸짖었다.

　"허영으로 가득하구나. 왜 그렇게 돈을 함부로 쓰는 게냐?"

　그러자 제자는 뻔뻔하게도 이렇게 대답했다.

　"제가 돈이 좀 많아서 그럽니다. 제 돈을 제 맘대로 사용하는 게 뭐가 잘못입니까?"

　제논은 엄한 목소리로 말했다.

　"너는 참 생각이 짧구나. 그렇다면 생각해봐라. 소금이 많다고 해서 요리사가 음식에 소금을 많이 넣으면 어떻게 되겠느냐? 음식을 망치게 된다. 돈도 마찬가지다. 있다고 함부로 썼다가는 인생이 망가지는 것이다."

어차피 소비를 하지 않고 살 순 없다. 다만 중요한 건 **분수를 뛰어 넘는 소비가 아닌 필요한 물건만 사는 합리적인 소비가 필요하다**는 것이다. 또한 무분별한 사치는 가난한 사람들의 마음을 더욱 쓸쓸하게 만들 수도 있다는 걸 알아야 한다.

Chapter 45

욕먹는 부자가 아니라
존경받는 부자가 되어라

돈이 인생에 있어 중요하긴 하다. 그렇다고 돈이 인생의 전부라고 생각해선 안 된다. 자칫 돈을 얻기 위해 자신을 팔고 인생을 팔고 영혼을 팔 수도 있다. 그러면 결국 돈의 노예가 되고 만다. 정당한 이유로 돈을 벌고 그렇게 번 돈을 가치 있게 쓴다면, 그런 삶이 진짜 부자 인생이고 행복한 인생이다.

그런 인생을 사는 사람들은 하나같이 검소한 생활을 하고 있다. 한 푼이라도 아껴야 그 돈으로 남을 도울 수 있다는 생각이다.

세계 최대 조립 가구 회사 '이케아'는 전 세계 35개국에 253개 매장을 가지고 있으며 직원 수만 해도 9만여 명이 넘는 엄청난 규모의 회사다. 그 회사를 이끌고 있는 잉바르 캄프라드(Ingvar Kamprad : 1926~)는 한때 세계 부자 순위 4위까지 올랐고 현재도 10위권 안에 있는 대부호다. 그러나 그는 소금보다 더 짜다 할 만큼 지독한 구두쇠다.

비즈니스 때문에 그는 전 세계를 돌아다녔다. 그럴 때마다 비행기를 타야 했는데, 그는 편안한 비즈니스석 대신 늘 값싼 이코노미석을 고집했다. 또 그는 10년이 훌쩍 넘은 낡은 자동차를 타고 다녔다. 비서진들이 명색이 회장인데 이미지 관리 차원에서라도 크고 멋진 자동차로 바꾸라고 그에게 건의를 했지만 그는 단호하게 "No"라고 대답했다.

그뿐이 아니다. 필요한 물건이 있어도 평일에는 마트를 가지 않았다. 주말이 되어야 비로소 그는 물건을 사기 위해 마트에 갔다. 주말에 하는 할인 행사 때문이었다.

그는 직원들을 만나면 매일 절약하라고 끊임없이 말했다.

"자네들 지금 이 종이가 뭔가? 한쪽 면만 사용하면 어떻게 하나? 뒷면도 사용하게. 알겠나?"

그는 이면지를 사용하라고 직원들에게 명령했다.

일부 직원들은 그의 지독한 구두쇠 노릇에 혀를 차며 비아냥거렸다.

"저렇게 돈을 벌기만 하고 쓸 줄은 모르는군!"

"있는 사람이 더 한다니까."

그는 지독한 구두쇠임에 틀림없었다. 그렇다고 다른 사람들의 어려움까지 외면하는 그런 이기적인 사람은 아니었다. 사실 그는 전 세계 가난한 어린이들에게 도움을 주는 단체, 유니세프의 최대 후원자 중의 한 사람이다. 가족이나 직원들에게는 짠돌이라고 불릴지 모르지만 남을 도울 때는 엄청난 금액을 기꺼이 내놓는 큰손이다.

한국에도 기업가 중에 잉바르 캄프라드와 같은 사람이 있다. 바로 '삼정펄프'를 이끌고 있는 전재준(1923~) 회장이다.

한 기업의 회장 정도면 회장실은 넓고 쾌적한 방에 최고급 집기로 꾸며져 있을 법한데 실제 회장실은 그를 찾아온 손님조차 민망할 정도로 소탈하다. 사무실 집기를 40년째 바꾸지 않았고 60여 년 동안 기업가로 일하면서 비서 한 명 두지 않았다. 그리고 그 흔한 컴퓨터도 없다. 전기료도 아까워 형광등도 한 개만 켠다. 그러나 남을 위한 씀씀이는 남달랐다.

그는 예전 공장 부지 5천여 평을 안양시에 기부했고 또한 경기도 포천의 수십만 평의 임야를 한 대학교에 기부하기도 했다.

나눈다는 것은 남을 위한 일이기도 하지만 결국 자신을 위한 일이기도 하다. 나눔으로써 마음이 행복해지고 인생이 빛나기 때문이다.

"사랑을 받는 것보다 주는 것이 더 행복하다"라는 말도 있지 않은가.

많이 가진 사람만이 남을 돕는 건 아니다. 없다고 해서 나누지 못하는 것도 아니다. 마음이 중요하다. 돕고자 한다면 아무리 작은 것으로도 도울 수 있고 도울 맘이 없으면 아무리 많이 가져도 남에게 베풀 수 없다.

돈이 많으면 남들에게 부러움을 살 순 있지만 존경까지는 받을 수 없다. 존경받는 인생, 가치 있는 인생을 살고 싶다면 나눠라. 그게 행복을 얻는 가장 고귀하면서도 쉬운 방법이다. 당신은 지금 얼마나 행복한가?